歌の心を究《きわ》むべし

古楽とクラシックのミッシングリンクを求めて

濱田芳通
Yoshimichi Hamada

ARTES

歌の心を究むべし　目次

歌の心を究むべし

古楽とクラシックのミッシングリンクを求めて

歌心が舞い踊る舞台

音楽的なるものとは、事実どこに存在しているのかだろうか（中略）。音楽的なるものは音に存在するということを、今日誰ひとりとして疑いません。（中略）しかし、音は音楽ではありません！　人間の肉体が魂ではないように、音は音楽ではないのです。（中略）というのは、音楽は音と音の間に存在しているからです！　私たちは、何かをその間に持つことができるためだけに、音を必要とします。もちろん音がなければなりませんが、音楽は音と音の間に存在するのです。

――ルドルフ・シュタイナー『見える歌としてのオイリュトミー』（松山由紀訳、涼風書房）

世間ではよく「目に見えないことが大切」という。現実より目に見えないハートのほうが大事だと。音楽における現実は空気振動から醸《かも》し出される「音世界」なのだから、現実ではない「耳に聴こえないことが大切」という考えも成り立つかもしれない。その、耳に聴こえない大切なものこそが「歌心」と呼ばれるものではないだろうか。

我々は、音楽にまつわる「目」に見えること、すなわち、美人かイケメンか⁉　ゴージャスな舞台セットや照明、派手な衣装などなど、これらのことがピュアな音楽とは関係なく、「見た目にだまされちゃイカンぞ！」ということは知っている。

しかし「耳」に聴こえるもの、すなわち「音＝サウンド」に対して「さして重要ではない」とレッテルを貼るものはまずいないだろう。我々は音を美しく奏でることを最重要事項として考えることに、何のはばかりもない。もちろん、テクニックなんかよりハートのほうが大事だということは知っているが、「演奏にハートをこめて」などのハートも、それは「音」にこめられるのであって、すべてはサウンドを魅力的に響かせるためにおこなわれるのである。

しかし、「歌心」の舞台はサウンド上にはない。サウンドが響き渡る現実世界を「海」にたとえるなら、その舞台は「港」のようなところにある。この港はちょうどファンタジーと現実とを結ぶ接点。そしてそれは海ではなくまだ陸地、つまり心の内側にあるのだ。

この舞台に「天国」または「心の奥底」から歌心さんを招聘《しょうへい》し、彼が手を「パンパーン！」と叩《たた》いて、「オォーッ！　ここはなかなかいいホールだねぇ」と気に入ってくれさえすれば、歌心は思いっきりパフォーマンスを繰り広げてくれるだろう。ルバートは完全にフリーになり、あらゆる感情は音楽に転化され、音楽表現におけるほとんどの問題はクリアされる。

ところが、歌心をサウンドの海に放り出してしまうと、そこは現実の「時間」にさらされた過酷な場所、「拍節」という時間の法律のような荒波がドンドン押し寄せ、「オワーッ！　こんなところで踊れるか！」と、私と同じく泳ぎの苦手な歌心さんは「アップ、アップ、ブクブクブク……」、舞い踊るどころではないのである。

音が発せられるときの押し出すような勢い、拍節による周期的な惰性《だせい》などは、歌心に大きな制約を与えてしまう。「この音にアクセントをつけて……」などなど、プラクティカルな音表現からのアプローチも、歌心の幅を狭《せば》めてしまうことになるだろう。だが、もし歌心が無限で万能な「イメージ」の中で発揮されたならば、言葉では言い表せないような自由な表現が可能になる。

その昔、『音楽教程 De institutione musica』という、中世の音楽関係者にとっての座右の書があった。その中で、著者である古代ローマの理論家ボエティウスは、次の三種類の音楽を提唱している。

ムシカ・ムンダーナ Musica mundana（宇宙の音楽）
ムシカ・フマーナ Musica humana（人間の音楽）
ムシカ・インストルメンターリス Musica instrumentalis（道具の音楽）

学生の頃、初めてこれを知ったときは驚いた。なんと最初の二つ、ムシカ・ムンダーナとムシカ・フマーナは「耳に聴こえない音楽」なのだ。もう一つは、最下位の音楽としてのムシカ・インストルメンターリス。実際に音として聴こえる音楽である。

これを学者的に解釈すれば、ムシカ・ムンダーナは宇宙の調和に関する学問、ムシカ・フマーナは今でいう音楽療法的なこと、ムシカ・インストルメンターリスは楽器を用いて考究された理論ということになるだろう。しかし、私はどうしても演奏家の立場から考えてしまう。そして、今となっては、この三つの分類は自分にとって、とてもしっくりくるのだ。すなわち、私にとってのムシカ・ムンダーナは宇宙をはじめ偉大なものから受け取る音楽、ムシカ・フマーナは自己意識がイメージを駆使して音を意味付ける音楽、そしてムシカ・インストルメンターリスはそれらの結果として奏でられる、現実のサウンドによる音楽である。

ムシカ・ムンダーナとムシカ・フマーナを総称したような、「ムシカ・スペクラティーヴァ Musica speculativa（思弁的音楽）」という言葉もある。概して、「耳に聴こえない音楽」こそを真の音楽とみなし推奨《すいしょう》している「古代」の先人たちは多い。


さて、時代は急降下するが、『音楽教程』からおよそ一五〇〇年後、「耳に聴こえない音楽」という絵空事を実践するにあたって、私に勇気を与えてくれた一冊の本がある。偉大な指揮者エルネスト・アンセルメが演奏家としての自身の豊富な経験から、長い年月をかけて著した『人間の意識における音楽の原理 Les fondements de la musique dans la conscience humaine』である。

彼の「現象学」的な音楽の捉え方によると――

「音」という存在は実は単なる物理現象ではない。物理現象はあくまで「空気振動」であって、それを「音」として感じるには人間の耳の介在が必要である。

（ごもっとも）

すなわち「音程・音量・音色」という捉え方自体、そもそも耳を通して空気の周期的振動を感じた人間が、勝手にキャラクター付けしたものであるということだ。つまり、我々の知っている「音」は人間の主観が作り出した現象なのだ。

（なるほどね！）

だとすれば、どうせ主観的なことなのだから、同じく人間の主観である「メロディにこめる熱いハート」のような感情のたぐいも巧みに空気振動の中に入りこみ、「音高・音量・音色」のようなメインのキャラクターとともに聴く側が正しく感じとってくれるのではないか？　これを読んだときそんなふうに思うことができたのである。アンセルメはこの「感情」をブチこむ作業を、「音楽に意味を持たせること」だとしている。

「初めに言葉ありき」

神様が「意味付け」してから、この世を創ったのと同じではないか！

実際、現実のサウンドのほうも、その空気圧の変化から引き起こされるあまたの振動、そしてそれが倍音として複雑に絡《から》み合い、どのように「人間共通の錯覚」とともに音を認識するのか、どのように「音高・音量・音色」が織りなされるのか、というところに目を向ければ、その多様さは本当に神によって創造された森羅万象のような様相を呈している。

心の内側にある舞台は、このような「音に意味付け」をする場所である。ここではあらゆる感情は歌心に寄り添い、ダンサーが宙を舞い踊るがごとくイメージ上の時空を「動いて」物語を形成する。「動き」がある以上、そこには想像的な時間と空間も存在する。動きのイメージは、基本的には演奏者の意識下にある「ニュートン力学」のようなものにはなるだろうが、たとえば夢の中のような超越的な万有引力も渦《うず》巻くことができるだろう。

時間に関してもいっぷう変わった表現が可能だ。歌心は「感動」が保管されている倉庫、「熱き想い」が湧《わ》き出る泉、オリンポスの山頂とか、そんな場所からやってくるのだが、この歌心の故郷にはそもそも時間の概念はなかったと思われる。たとえば、「このあいだ貸してあげたフルヴェンの『運命』どうだった？」と聞かれて、感動とともに「ジャジャジャジャーン！」が思わず頭に鳴り響いたとき、開始の数小節は一瞬のうちに思い浮かぶのではないか。実際のテンポよりずいぶん速いことになるが、別段、早送り再生したというつもりはないはずだ。時間は心の中の記憶や天国では、zipファイルに圧縮されて「たたみこまれて」いるのだ。もともと時間の概念がないところからの発想なので、この舞台での「音楽時間」はとても自由なはずである。時間を全く止めてイタズラすることもできるだろうし、稲妻のような速い動きもできるだろう。歌心は「チク、タク」と真面目に刻まない不思議な時間感覚の中で、自由に振る舞うことができる。そして、それが外界に出た瞬間、我々の知っている時間のしがらみに出会う。すべての音は現実の時間に即したライン状に引きのばされるのである。

現実にさらされて「引きのばされた」サウンドラインの始まりには、必ず概念的な「点」が存在する。ユークリッド幾何学の「線の端は点である」ということである。この「点」は新しくフレーズが始まるときはもちろん、歌詞の音節が変わるとき、音の高さが変わるときなど、メロディが「区切られた」ときにはいつも生じる。私は、この音が発せられる瞬間、次の音へ移り変わる瞬間、この現実の時間の一点をタイミングとして「意識」してしまうことが、歌心を失う最大の要因と考えている。

空気振動から認識された「音高・音量・音色」を、より良く聴かせてやろう、とする「現実的雑念」も、ここでは歌心にとって「イマイチ」なこととなるのだが、一応これらはアンセルメによると、人間の主観という非現実的なところが出身地であるのに対し、「音の出だし＝空気振動の開始ポイント」は全くの物理現象である。これは現実と直結しているのだ。

そして、音楽においてこの「点」を象徴するのが「音符＝オタマジャクシ」なのである。

楽譜の発明により、私たちは甘やかされて、途方もない悪い習慣を身につけてしまった。だが、音楽というものは元来、最初は精神から、他に頼るもののない記憶から創り出されたものであることを忘れてはなるまい。

——エトヴィン・フィッシャー『ベートーヴェンのピアノソナタ』（佐野利勝・木村敏訳、みすず書房）

ピアノの巨匠エトヴィン・フィッシャーは、バッハの口を借りてこのように戒《いまし》めた。

確かに、楽譜はさしずめサウンドを出すための設計図といった趣《おもむ》きである。技術的なことにのみ集中して設計図どおりに曲を構築し、最後に楽譜には書いていない歌心を、仕上げのコナ砂糖のようにパラパラと振りかけるだけの演奏者もいる。また、音楽はそもそも記憶により伝承されるものであったというのも、芸術の神「ミューズ」たちの母親は記憶の女神「ムネモシュネー」なのだからありえることなのかもしれない。

しかしここで彼の意味するところは、たんなる「暗譜のオススメ」ではないだろう。それより長年楽譜に携《たずさ》わることによって引き起こされた、忍び寄る経年変化、「パソコンを使うようになって漢字を忘れた」みたいな弊害《へいがい》のことなのだと思う。

だが、残念ながら我々クラシックの音楽家にとっては、この「オタマジャクシ集団」はけっして欠かすことができない。それどころか大感謝しなければならない存在なのである。なぜなら彼らがいなければ、フィッシャー先生はバッハやモーツァルトやベートーヴェンの作品を知ることがなかったわけだし、私も愛するモンテヴェルディが書いた珠玉の名作を知ることができなかったのである。

それでも楽譜のご先祖様である初期のネウマ譜（アダイアステマ記譜法）では、絶妙に楽譜がなかった時代の良い感じが残っている。

音符の姿は、オタマジャクシというより「糸ミミズ」のようなかたちをしていた[1]。

カラオケの採点中に出てくるマークのようにも見える。「ナイキ」のマークみたいな奴もいる。しかしこの楽譜の致命的な欠点は、いざ歌おうとしたときの音が何の音だかわからないことである。

でも中世初期の修道士曰《いわ》く、「もともと知ってる曲なら大丈夫！　ニュアンスさえ思い出させてくれれば歌えるよ」というわけで、「歌は覚えて歌うもんだ」が当たり前だった時代、いや、それ以外は考えられなかった時代には、この楽譜はこれはこれで完璧なものだった。

そして、糸ミミズは音の高さが正確にわからないかわ

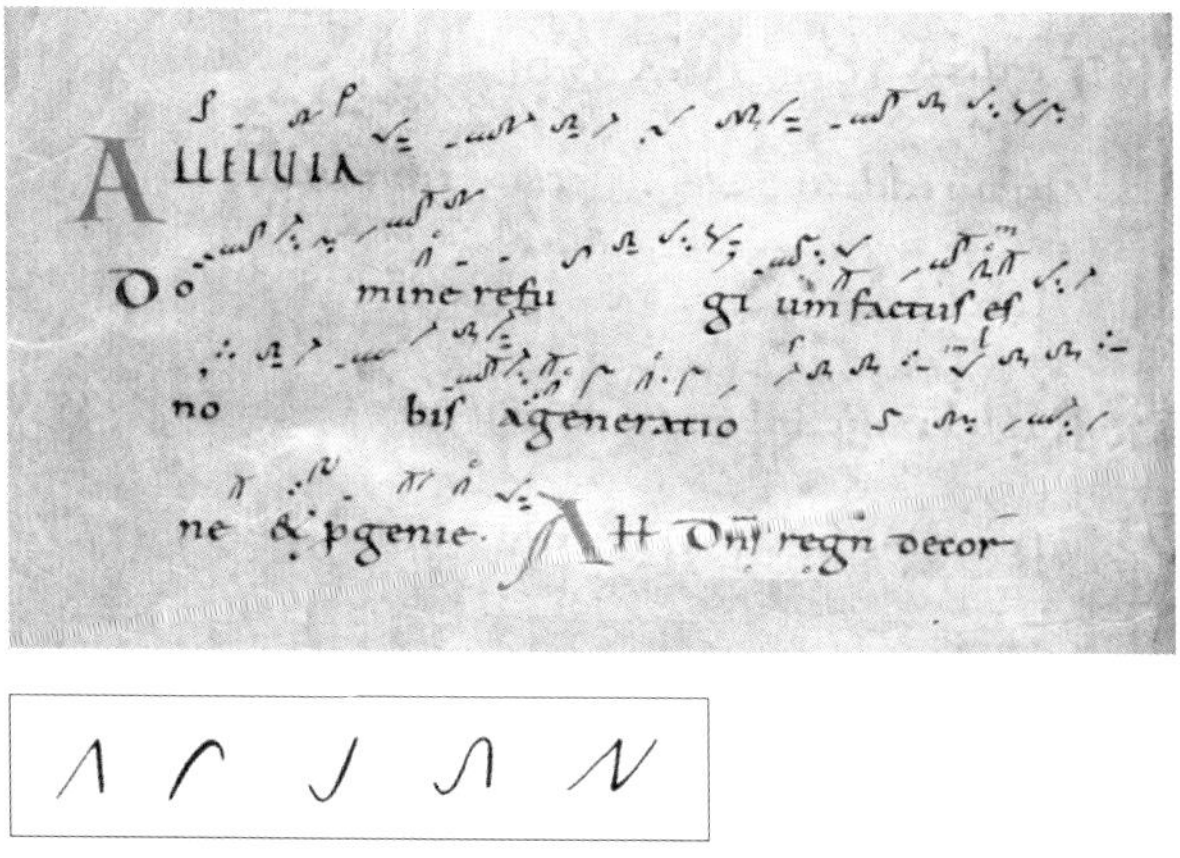

[1] 初期のネウマ譜（上）と、糸ミミズのような記号（下）

りに、音のエネルギーみたいなものをちょっと伝えてくれたのである。

このような典礼聖歌を、死ぬほどたくさん覚えていた修道士もいたそうだが、「うー、覚えらんねえ」という修道士もいたであろう。そんななか登場した救世主が、グイード・ダレッツォだ。グイード先生は典礼聖歌を教える役。なんとか皆んなの苦労を軽減させてやろうと、横線をスーッと引いたりして、覚えなくても見れば歌える「完全カンペ型」楽譜を考案したのである。グイード先生はオマケに「ドーはドーナッツのド」の要領で、「レーは Resonare fibris のレ、ミーは Mira gestorum のミ」と軽快に聖歌を歌いながら「音」に新たな愛称をつけてしまった。我々が口ずさんでいる音階名の発案者は他ならぬグイード先生である。

それからというもの記譜法はウナギ登りに発展、オタマジャクシにはいろいろなキャラクターが出てきて、音符は音高だけでなく「音価（音の長さ）」も表せるようになった。

「わー、ずいぶん機能的、実用的になってくれてめでたしめで……、あれー？　でもなんだか演奏が無味乾燥になってきてしまったぞ。つまらん！　以前はミミズ君が身体をクネクネ躍らせて音のエネルギーを示してくれたのに……」

楽譜は「線」的な要素を失い、すべて「点」的なものとなったのである。

そもそも「点」は空間における正確な位置を定義するために使われる概念であるから、音の「高さ」を決定するために出現した「点」が幅を利かせてきたのは当然のことともいえよう。さらに音価が加えられたことで、いつ音を出すべしという時間的な「点」も意識されるようになった。おまけに素敵な愛称までつけられて、音はどんどん個人主義になっていった。

チェロの巨匠ムスティスラフ・ロストロポーヴィチ氏は、音符を電柱にたとえて「電柱よりもそれをつなぐ電線のほうが大切だ」とおっしゃっている。私も大賛成！（ロストロは私の耳にはどちらかというと電柱のほうを大事にした演奏に聴こえなくもないが……）演奏者の意識が「音一つひとつ」に向かい、音と音の間に存在する各種エネルギーを軽視してしまう傾向に陥《おちい》った、ということなのだと思う。

「音と音の間」は実際のところ「音の頭と音の頭の間」といいかえることができる。つまり、音を言葉のシラブルにたとえるなら、音の頭が「子音」、音と音の間は「母音」である。

音と音が移り変わる「刹那《せつな》」のような瞬間が「音と音の間」ではない。逆にこの「刹那」が「音の頭」である。

オタマジャクシは、音一つひとつを個別化することによって、我々の意識を音の「頭」へと向けたのである。

ミサ曲における「クレド」では、まず先唱が一人で「♫クレードー・イン・ウーヌム・デウム Credo in unum Deum」と歌い出し、続いて合唱隊全員で「♫パートレム Patrem」と歌い出すことが多い[2]。

そのとき、合唱の出のタイミングが揃《そろ》わなくてバラバラだったら？「皆さん！ちゃんと指揮を見て合わせてください！」と指揮者の叱責《しっせき》の声。そうなると、次こそは歌い出しを合わせようと頑張る。しかしそのとき、合唱隊の歌手たちはきっと「パートレム」の「パ」のところしか意識していない。いやそれどころか「パー paaah」とのばす意識も薄れ、外人さんだったら「p」の一点に、日本人だったら「パ」の一瞬に意識が集中するのではないだろうか。これが「音の頭を意識した」という状態で、メロディセンスは失われる方向に進む。

　ここでは、前述のように「音」を頭の一瞬の「点」と「音がのびているところ」に完全に切り離してキャスティングして考えてみたい。二重人格、いや二重音格をイメージしてみる。

　心の中の歌心が現象として現れるのは「音がのびているところ」である。それに対して「音の頭」というのは空気振動の開始の瞬間であり、前述のように、人間の主観とは関係のない物理的なポイントである。この瞬間は「点」の定義のごとく、それだけではいっさいの面積、体積、長さ、

[2]
モンテヴェルデイ『4声部のミサ』より
「クレド」冒頭部分

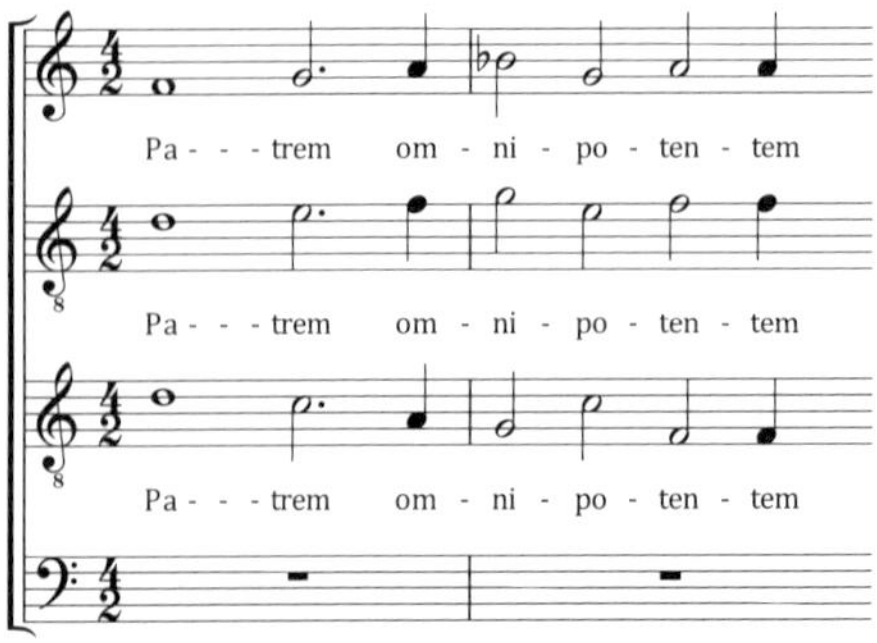

質量を持たず、他の音との関係によって初めて存在が確認されるべきものであろう。しかし、もともと「音の高さ」をなんとか点で伝えようと登場したオタマジャクシ君は、今や「音の開始ポイント」を大きくクローズアップする役割を担ってしまった。

私はこのことを、概念的に次のように捉えている。

「音符（音の頭）」＝「点・粒」→「見られている」表面的なところ

「音と音の間」＝「線・波」→「見られていない」内面的なところ

歌心にとって、音の頭の「点」をタイミングとして意識しないことが重要なことなのだと思う。意識が完全に「音と音の間」に向けられさえすれば、歌心を心の中にずっと引き留め、内面的な本音の部分で音楽できる。歌心がそのプレーヤーにとっての真実であることは必要だ。音楽表現がフィクションを「演じること」であったとしても、それが心の中で真摯《しんし》におこなわれれば聴き手には「真実の物語」として伝わるだろう。逆に「音の頭」への意識は、テクニカルな部分を象徴しており表面的なタテマエの部分、社交辞令とか偽善とか、本心とは違う取りすましたところでの音楽表現を象徴しているような気がしてならない。

しかし考えてみれば、ピアノやチェンバロなどの鍵盤楽器、ギター、ハープなどの撥弦楽器、打楽器は音がだんだん消えてしまうし、オルガンは音がのびっぱなしになる。したがってこれらの楽器にとって音の頭「以降」のところは、一度音が出てしまったら、もういかんとも手の施しようのない時間帯である。さらに、音の頭は多くの管楽器においてはタンギングの瞬間、クラシックでは正確な音程を決める瞬間、アンサンブルにおいては縦を合わす瞬間、そして何より音色。音色はいっけん音がのびているところの話に思えるが、本来は音の頭における注意事項なのだ。

今一度、問うてみよう。音の頭はこんなに大事なのに、ないがしろにして良いのか？

「いいんです！」

歌心にとっては、歌や、ヴァイオリンのように音をのばしながら表情がつけられる楽器か、ピアノのように音が消えてしまう楽器かどうかは全く関係がない。

消え去る音しか出せなければ、音が消えていくところで歌う。音が去っていくのを大事に見送るだけではない、イメージの力でそこにエネルギーを増やすことだってできる。そしてその副産物として、次の音は最高のタイミングで生まれるのだ。そこで発揮された歌心は必ずや聴衆に届く。不思議なことに伝わるのだ。

さて、このような「耳に聴こえない音楽」を、いかにして「机上の空論」で終わらさずに実践するのか。結論からいうと、「終わらせない」ためには、机上の空論で「終わらせる」

勇気を持とうということになるのかもしれない。いや、勇気なんかいらない。現実逃避でもうっかり忘れちゃうでも、方法は何でも良いのだ。

心の内側の舞台では、より階層の高いイメージが歌心を後押しすることになる。たとえば、海にたとえた音の現実世界において、実際の音に表情付けをする行為が、「この音はシャケ、この音はマグロ」みたいに具体的なものだとすると、港の舞台で発せられるイメージは、より抽象度の高い「おさかなー!」みたいな単純なものだといえよう。しかし、それによってなされる表現は、実際の海であらゆる魚が泳いでいるような、魔法のように、雄大かつ細部に渡っても克明に意味付けされた光景となるのである。

ここでは「時間」と「場所」が渾然《こんぜん》一体となっている。私の場合、時間も場所に見える。「過去・未来」が前後だとすると、なんだかわからないが左右にも展開しており三六〇度見渡せる感じ。天井もヨーロッパの教会のように高いし、望めば奈落も目の前に現れる。一つひとつの音の中に、とてつもなく広い場所、永遠にも感じられる時間が広がっている。

ここで歌心に舞い踊ってもらうために、一体何をしよう?

ミヒャエル・エンデ原作の映画『ネバーエンディング・ストーリー』に出てくる幻想の国「ファンタージエン」の王女さまはいった。夢、希望、そしてファンタジーはすなわち願いごとであり、その願いは好きなだけかけてよい。願いごとがあればあるほどファンタジーは膨《ふく》らむのだと。

歌心のパフォーマンスも、音を出すための「計画」ではない、未来に向けられた「願いごと」なのであろう。音楽は我々の願いが常に確実に叶《かな》ったものとして現れるはずだ。特に時間の感覚を「未来に向かって進む」のではなく、「時間が未来からやってくる」というふうに捉えれば、それは顕著になるだろう。ちょうど流れ星に絶え間なく願いを打ち明けるようなもの、歌心は一瞬一瞬、すべての瞬間において発揮されるのだ。

私も歌心を願いごととして発信してみよう。

どのくらい？　とりあえず、なるべくたくさんだ！

歌心のためのリズムはオフビートだ！

以前、パリの路上で犬のウンコを踏んだ。踏むだけならいいがズルーッ！と豪快にすべった。

「クソー、日本ではこういうの禁止なんだぞ！」

その場にいた、フランスのコルネット奏者の友人ウィリアム君曰く、

「フランスでも禁止だよ。ボン・タンピ（しょうがないね）」

というわけで、何度も犬のウンコを踏みながらレコーディングの仕事をしていたときである。録音のプレイバックを聴くと「なんだかな〜」と自分のイマイチなリズムが嫌になってくる。一緒に演奏してるフランス人たちにそれを告白しても、「どこが？　別に大丈夫じゃん？」といわれるのだが、自分では大いに気になるところであった。どうしても、おフランスの軽々としたリズムと自分のベタベタしたリズムを比較してしまうのだ。彼らはそれこそウンコにズルーッとすべるかのごとく小節線を軽く越えてくる。そのときは相当落ちこんだものの、自分にとってリズムが不得意科目だという自覚はあったので、このことはリズム感克服の良いキッカケとなった。

「ダンスか打楽器でも習うかな……」

その後、選択した勉強課目で最も功を奏したのはファンク・ダンスだった。「オフビート」で感

じるリズム感は、落ちこぼれの私にとって素晴らしい教師となってくれた。

私はリズム感は苦手だったが、歌心にはちょいと自信があった。しかしリズムを勉強するにつれ、

「ん？　リズム感は歌心に意外と関係があるな」

「あれー、リズム感なくしては歌心などあり得ないのでは」

「わーっ！　俺の歌心はまだまだかもしれん……」

ということがだんだんわかってきたのだ。それまで、歌心とリズムの関係というのは「アチラを立てればコチラが立たず」と、どちらかに偏《かたよ》ってしまうもの、バランスを取るものだと思っていた。だから、この両者の「強烈なコラボレーション」という新たな発見をしたときには、まさに青天の霹靂《へきれき》、「もっと歌心を！」とポジティヴに勉強することができた。人間、不得意科目の克服は困難だが、得意科目を伸ばすのはスムーズに進むものだ。

ここでの「歌心」とは、けっしてリズミカルに歌うときだけのことをいっているのではない。それどころか「メロメロ、メラメラ、ドロドロ〜〜」と熱く歌うときにこそリズム感は威力を発揮する。とにかく私はオフビート様のおかげでカンタービレ・センスまで少しアップしたような気がした。


さて、この「リズム感改善キャンペーン中」に素晴らしい本に出会った。私の永遠のヒーロー、トニー・ティー（故・七類誠一郎）の名著『黒人リズム感の秘密』（郁朋社）である。

「先生、池袋のジュンク堂にいい本売ってますよ」

この本の存在は、私のかわいい弟子が教えてくれた。それ以来ずっとマイ・バイブルになっている。著者であるトニー・ティー氏の講習会にも参加して、ファンク・ダンスをちょっとかじったが、その経験はリズム感の何たるかを教えてくれたように思う。

ファンク・ミュージックは16ビートの音楽、一小節に一六分音符が一六個だ。聴音でも譜読みでも、音価を正確に把握するには細かく数えたほうがよい、ということは誰もが知っていると思う。16ビートはこのように音を細かく感じるのでリズム感がよりタイトになる。同時にリズム・パターンの可能性が倍増し、ヴァラエティがハンパないので、ことリズム感に関しては世界最高レベルのジャンルであるといえよう。

また、細かく数えることにはもうひとつ利点がある。たとえば一拍を四分音符が「ドン」と打つところ、一六分音符四つが「タタタタ」と並ぶので、拍内が詰まっている感じがして、より「線」的に捉えることができるのだ。歌心は足場が「飛び石」状態より「スノコ」のようなものが敷いてあるほうが発揮しやすい。

トニー・ティー氏はファンク・ダンスのポイントとして「体幹」の動きを挙げている。体幹とは「首・胸・腰」のこと。末端の「手・足」より、体幹を意識して連動させながら動かすことが重要だということだ。黒人は我々と違って手足が長くて重いので、一回一回「よいしょ」と体幹のほうから動かして歩く。確かに自分の短い手足を無理やり長くて重いとイメージして歩くと、黒人っぽい歩き方になる。また、トニー・ティー氏は、ハトが歩くときに首がファンキーに動くことから、ハトこそ最高のお手本だ！ といっている。ハトは歩くときには手が使えないから首が動くのである。このように、腕や脚が重かったり動かなかったりすることをイメージすると、体幹が自然に出動するのがよくわかる。

体幹を意識して踊ることにより、ポーズをカッコよく決めることより、ポーズからポーズへの「動き」のほうへ意識が向くことになる。逆に一つひとつの決めのポーズはあまり気にしないことになる。

これを、

決めのポーズ＝音の頭＝「点」
ポーズからポーズへの動き＝音と音の間＝「線」

と置き換え、「決めのポーズ」は音の頭、拍の頭、小節の頭など、あらゆる部分の「頭」であり、「ポーズからポーズへの動き」は、頭の一点以外の部分、そしてこの「動き」のほうが大事なのだと考えれば、前章で述べたことと概念的に一致するだろう。

ファンク・ダンスから時代は思いっきり遡《さかのぼ》るが、古代ギリシャの舞踏にも「アルシス Arsis（上げる）」と「テーシス Thesis（下げる）」という同じような概念がある。足の上げ下げを意味する言葉であるが、世の中の根源的な二面性、「跳躍・休息」「緊張・弛緩《しかん》」「圧迫・開放」などを象徴し、リズム感における「秩序」を表している。

それぞれのキャラクターは、

アルシス＝跳躍・緊張・圧迫・希求・動機
テーシス＝休息・弛緩・開放・享受・結論

これらの言葉はすべて、アルシスのほうがテーシスより「アクティヴ」であることを意味している。足の上げ下げで考えた場合、アクティヴなのは、足を「よいしょ」と上げるほうであり、足を「ドーン！」と地面に着くほうではない。泥棒が「抜き足差し足」で歩くところとか、サッカー選手が「腿《もも》上げ運動」でトレーニングしているところのイメージである。

このように「アルシス＝動的」「テーシス＝静的」なものとして捉えると、テーシスは足が地面に着いた一瞬であり、それ以外はアルシスの動きであるという解釈も可能であろう。


ところで、音楽用語としての「アルシス&テーシス」は、「アルシス（上げる）」が文字どおり「アップビート（弱拍）」、「テーシス（下げる）」もそのまま「ダウンビート（強拍）」となったため、前述の「動的・静的」な見地からすると、「あれ、もしかして強弱、逆じゃん？」みたいな疑問が生じた。

これに関して、ヴァンサン・ダンディ著『作曲法講義』に指摘がある。ヴァンサン・ダンディは作曲家セザール・フランクの弟子であり、エリック・サティを教えた人である。

不思議なことであるが、この田園交響楽の最初の楽節は、非常にしばしば最もひどく誤った抑揚で演奏されるのである。

上例のような解釈は、小節線の束縛と楽典で教えられる非動律学的のものから起こった悲しむべき結果なのである。
一つの楽段の拍子をとることと動律をはっきりつけることは、全く異なることで、時に全然反対なものとなる場合も多い。合奏をするとき、何か所作で拍子を鑑別されるのであるが、このとき第一拍目を特に強く感じさせようとすることは、動律的抑揚とは全く無関係で、（中略）動律と小節が符合するのは特別な場合で、この符合を特別なものとは思わず、小節の第一拍目は常に強いという誤りを強調して、偶然を普遍化しようとしたことは不幸なことであった。
大抵の場合、小節の第一拍目は動律的に見て弱いとさえ言い得るのである。この原則を信じれば、演奏上の多くの誤りと失敗を避けることができる。（訳文は旧字・旧仮名）

——ヴァンサン・ダンディ『作曲法講義』（池内友次郎訳、古賀書店）

アルシス&テーシスの概念については、その二面性、二つのキャラクターを考えたとき、私はそれが「長さ」や「豊かさ」のイメージが異なるのだ、と考えたい。テーシスの時間帯に何かことが起こって、テーシスがたんなる休息ではいられなくなったとしても、それはよくいわれるような、テーシスがエネルギーを蓄《たくわ》えているということではないと思う。また、ダンディ先生のいう、男性的、女性的（この場合女性的）と二つのパターンを設けるのもあまり賛成できない。

私はアルシスが「早くも足を上げ始めた」のだと考えている。

そうなると、究極的にテーシス（強拍）は長さや幅を持たない「点」のような拍であるのに対し、アルシス（弱拍）はテーシスが終わるやいなや始まり、次のテーシス（強拍）ギリギリまで躍動《やくどう》する「線」のような豊かな拍である、とキャラクター付けできる。アルシスがずっと続く線的な豊かさを持っているとイメージすれば、そこから自ずと「歌心」が生まれてくるだろう。

点的なものと線的なものの二面性は、ひとつの音だけではなく、拍・小節・フレーズなど、あらゆる時間的階層で、「点・線」「粒・波」の「フラクタル構造（自己相似）」になっている。ブロッコリーの全体と部分、「岩・石・砂」のかたちが相似形になっているのと同じである。

さらに、オフビートのほうが大きいエネルギーだと高揚《こうよう》感も助長される。

たとえば、時計の音が「チック、タック」と二つの音のペアで聞こえてくるような場合、最初の「チック」が大きく、続く「タック」が小さければ、気持ちが落ち着いてくるのではないか。

チック　タック　**チック**　タック

最初がかなり乱暴に大きくても、二個目が穏やかだと気持ちが鎮まるから不思議だ。

その逆で、二個目の「タック」のほうが大きい場合は、

チック　**タック**　チック　**タック**

気分がワクワクした感じになるのではないか。

心臓の鼓動も「ドッ**クン**　ドッ**クン**」と大きくなったときにはこんなふうになる。我々がオフビートに高揚感を感じるのは、心音と関係があるのだろうか。そういえば、曲がどんどん速くなるのと鼓動が速くなる感じもリンクしている。

そしてまた、オフビートには「連続性」があるところにも注目したい。

「**チック**・タック」だと一つひとつのペアで完結できてしまうのに比べ、「チック・**タック**」だとなぜか終われずに続けたくなる。

あえて、「チック・**タック**！」で終わると「次はなんだ」みたいな切迫した空気にならないだろうか？　わざと「ブレイク感」を出すには有効な方法であるが、終わるときには「チック」に戻っ

て終わる必要がある。このことはフレーズが基本的に拍頭で終わることにも繋がるだろう。そして、楽曲の終わりはほとんどが小節頭（一拍目）で終了だから、曲全体も「チック」で最期の息を引き取ることになる。

このことは、やはり「歌心」にはとても重要な「フレージングの取り方」にもかかわってくる。指揮者であった父は、子供の頃から「齋藤指揮法」で有名な故・齋藤秀雄氏にチェロを習っていた。齋藤先生からこんなことを教わったと教えてくれたことがある。いかにも子供時代の父が習った感じである。

「音楽は『たさい、たさい、たさく、らが〜』と書かれているから、このままだと何をいっているのかわからないけど、最初の『た』を除いて『さ』から始めると意味が伝わるぞ」

これが四分の三拍子だったとすると[3]

齋藤先生のおっしゃるように、二拍目の「さ」から始めれば、「咲いた、咲いた、桜が咲いた」となり尋常小学校の国語の教科書の冒頭のテキストが現れる。基本的なフレーズは二番日の音から小節頭までなのだということである[4]。

この、徹底して小節頭の音を最後の音とするフレージングの方法も、最終音がテーシス、それまではすべてアルシスと考えられるのではないか。

ここまで、オフビートを「線」的にアクティヴに捉えることによって、歌心にはオフビートがより適したリズム感なのではないか、ということを探ってきたが、ここで、そもそも「リズム」とは何か？　ということについて考えてみたい。きっと、リズムの持つ根本的な意味合いも、歌心と深くかかわっているに違いない。

「リズムがナイス」な演奏が自分なりにできたとき、それがいわゆるアップテンポのリズミックな演奏でなかったとしても、「カッコ良かった」とか「生き生きしていた」とか、みたいな評価を得られることがある。

「カッコイイ」は文字どおり「格好」が良いということで、私は演奏に関しては「外見より中身が……」と思っているはずなのに、どういうわけか「カッコイイ」がほめ言葉としては最高にうれしい。

ところで、リズムといえば今では音楽用語だが、リズムの語源「リュトモス Rhythmos／リュスモス Rhysmos」の時代、またまた古代ギリシャまで遡れば、リズムは「かたち」という意味が一般的であった。それならカッコイイは「そのまんまじゃん！」ということで納得いく。語源が「かたち」だからといって、そのままそれが結論で良いのかという気もするが、耳に聴こえない音楽を「常識でしょ！」と推奨していたの

[3]

[4]

は古代ギリシャ人たちであるし、そこで使われていた意味合いは、リズムが何たるかの本質を突いているかもしれない。ここは「リズム＝かたち」にこだわってみよう。

人間はもともと、何かしらのダイナミズムの変化の反復（「昼夜」「潮の満ち引き」など）から、時間の推移を認識してきたと思う。それと同じように、拍子とリズムも「時間的な刻み」というよりは「エネルギーの動き」が根本にはあった。ここでは動きの結果として時間が生まれたとしてみよう。

そもそも、女神ミューズの九姉妹は全員「動き」に関する芸術の神様なのである（後出）。

リズムはまず、メロディ自体に存在している。民族音楽では我が国も含め、そのような捉え方をしている場合が多い。リズムは一つひとつの音をつなぐエネルギーの動き、そしてその結果のメロディの抑揚もリズムなのだ。

また、ギリシャ勢によるリズムに対する見解が、「リズムは時間の秩序である」（アリストクセノス）「リズムは運動の秩序である」（プラトン）などとあるように、動きは秩序が伴われて「かたち」となる。このリズムの秩序がすなわち「アルシス＆テシス」である。旋律線にしたがった動きとアルシス＆テシスの秩序と二つの動きが、同時に、もしくは一体化して起きることによって、リズムはイメージのカオスの中から「かたち」づくられるのではないか。このかたちは刻々と変化するかたちであり、動きのスピード感なども含んでいる。

前述のダンディの本を読めといった父の友人で、我が家にも訪れてくださったことのある、解剖学者の故・三木成夫氏の言葉に以下のようなものがある。

われわれがなに心なく自然に向かった時、そこでまず眼に映るものはそれぞれの〝すがた・かたち〟でしょう。その時のそれらはことごとく生きている。路傍の石ころひとつをとっても、軒の雨だれのひと滴をとっても、それらはみなそれぞれの表情でもって我々に生き生きと語りかけてくる。これに対し、もしわれわれの眼がそれらの〝しかけ・しくみ〟にしか届かないような時、それらのすべてはただ思惑の対象としての無生の物体となるだけではないでしょうか。生きているのは、したがって、〝すがた・かたち〟であって〝しかけ・しくみ〟ではない。われわれはまさに、この〝すがた・かたち〟の中にのみ「いのち」というものを見出すのであります。

——三木成夫『生命とリズム』（河出書房新社）

「姿かたち」はどちらかというと表面的なことだと思っていたので、このことを知ったときには衝撃を受けた。しかし、同時にすごく納得がいった。三木氏は「リズムはかたちだ」ではなく「かたちは結局リズムだ」と逆のほうから結論付けていて、古代ギリシャ人と同じ境地に達しておられる。

「リズム＝かたち」「かたち＝命」であるとすれば、リズムの優れた演奏が「生き生きと」聴こえることに繋がる。そして、命があって生きていれば「物語」を作りやすいのだ。

「アルシス」は最後の最後まで生命力をもって物語を演じきる。次の「テーシス」へ移り変わるその瞬間まで、エネルギーは増え続けていくのだと私は思う。

歌心とリズムは実はコラボどころではない、「一心同体」といってもよい間柄だったのである。

歌心も人生最後に花開く

「ナポリを見てから死ね Vedi Napoli e poi mori」

幼少時、ちょっとだけナポリに住んでいた。だからもう見たし、いつ死んでも良いはずだ。ところが、残念なことに全く記憶がない。この場合どうなるんだろう。風光明媚《めいび》な景観も何もかも全く覚えてない！　やっぱり今死んだら悔《く》いが残るよなぁ。特にピザ関係。ナポリに行って美味しいピザが食べたい。親によると、私はナポリにおいて超ピザ好きな子供だったらしい。今でもピザがいちばんの大好物なのは、その記憶が深層心理まで入りこんでいるのだろう。

生まれたときから今に至るまで、ずっと住んでいる我が家のJR最寄り駅は日暮里だ。ナポリとニッポリは一字違い。しかも日暮里は、もともとは新堀といって「新しい集落」の意、ナポリはネア・ポリス、つまり「新都市」を表す言葉だから、意味するところも同じなのだ！　日暮里で我慢するか……。

ところで、最近ナポリ人によるナポリ音楽のコンサートを聴きに行った。観光客目当てに観光地で催されるような体裁のチラシで、実は全く期待していなかったのだが、ソプラノの歌手はとびきりタイプの美人だし、予想を完全に裏切ってくれて、すべてが素晴らしすぎる演奏会だった。

「こういう音楽的センスは好きだなあ」

再認識する。そのナポリ楽団、売れ線狙《ねら》いのプログラミングなので、ニーノ・ロータの『ゴッドファーザー・ワルツ』なんかも演奏された。その際、ワルツの刻みは「ブンチャッチャッ」ではなく「ブンチャッチャー」と奏される。最後が小さい「ッ」じゃなくて「ー」、のびているのである。

「うーん、しっくりくる！」

そして何よりカデンツァにおけるフェルマータ。イタリアオペラのアリアにおいても聴かせどころとなるこの部分、フォルテで声を張り上げたり、ピアニッシモでのばしたり、なんと切なく美しいのだろう。

カデンツァにはその曲が始まってからの人生がすべて映し出されるようだ。最後に花が開くように大切な音が引きのばされ、まもなく曲は終わる。

やはりイタリアの音楽センスは偉大である。


イタリアはブーツ形で南北に細長い国土だが、私にはナポリのような南イタリアのほうがイタリア的なものが色濃くて「古き良き」というような感じがする。しかしながら、ここからは北イタリア、フィレンツェで活躍したジューリオ・カッチーニの話。

カッチーニといえば『アヴェ・マリア』を連想する方が多いかもしれない。だが、実はこの作品、残念ながらずっと後の時代、一九七〇年頃に作られた偽物である（ウラディーミル・ヴァヴィロフ作曲）。また、イタリア古典歌曲集の冒頭を飾る『アマリッリ麗《うるわ》し』は負けず劣らず有名だろう。この曲はカッチーニが五十代半ばを過ぎてから書いた歌曲集『新音楽 Le nuove musiche』（一六〇一）に含まれている。この本は一七世紀の音楽に携わる者にとっては五指に入る第一級資料だ。歌曲集なのになぜ資料なのかというと、付随の「序文」の内容がすごいのである。留学先のバーゼル・スコラ・カントールムのコルネット科のクラス授業で、ある日、師匠のブルース・ディッキーがこの本を取り上げ、「To the readers...（読者諸氏へ）」と読み始めたときのことをよく覚えている[5]。

まず著者カッチーニの人物像についてみてみよう。この曲集が出版される前の一六〇〇年、現存する最古のオペラとして名高い歌劇『エウリディーチェ』が上演されている。作曲者はヤコポ・ペーリ。フランス王アンリ四世とマリア・デ・メディチの婚礼のために書かれたものだ。このオペラにまつわるペーリ

[5]
ジューリオ・カッチーニ『新音楽』表紙（1601）

とカッチーニの確執は、カッチーニの人となりを伝えるエピソードだ。

ペーリよりも年上だったカッチーニは、この婚礼の日、自分の主催する『チェーファロの誘拐《ゆうかい》』のほうが大きいイヴェントだったにもかかわらず、「オレの弟子を出演させるなら、オレにも曲を書かせろ！」と『エウリディーチェ』にもしゃしゃり出ていった。そのうえ、すぐに同じ台本作家による同じ題目の歌劇『エウリディーチェ』全曲を自分の筆で書き上げる。そしてこの『エウリディーチェ』のほうが先に出版できるよう用意周到に手をまわしたのだ。さらにその序文で、「上演様式 Stile rappresentativo で書かれた歌を出版したのは吾輩《わがはい》がいちばん最初である」とまで述べている。いい歳してなんとも子供っぽい行為ではないか。実はカッチーニと彼を取り巻く作曲家のあいだでは、この新しいスタイルについて、誰がいちばん先に提唱し出版して世に出すか、名誉の争奪戦がおこなわれていたのである。

カッチーニは「自分の新しいスタイルは、バルディ伯爵主宰のカメラータの活動によって培《つちか》われた」と述べている。

この「カメラータ」というサークル活動によって「オペラ」は誕生したということは読者の皆様もご存じだと思うが、実のところ、厳密な意味ではこのカメラータは二つあった。一つは前述のバルディ伯爵主宰のもの。伯爵がフィレンツェを追われたりして活動が先細りになっていくと、そのメンバーでもあったライバルのコルシ伯爵が、この活動を乗っ取るかたちで次なる新しい集まりを始めたのだ。コルシ伯爵は他の会員たちを手土産で釣って引き抜いたが、その中には重要人物であるヴィンチェンツォ・ガリレイ（あの科学者ガリレオ・ガリレイのお父さん）や、若きヤコポ・ペーリがいた。カッチーニもコルシ伯爵からいろいろと贈答品をもらったらしいが、察するに彼は、古き良きバルディ派であったと思われる。バルディ伯爵は新プラトン派思想、コルシ伯爵はよりアリストテレス的だったらしい。ザックリいえば、前者は霊的なものを重視し、後者はより理性的ということになるだろうか。カッチーニとしては、その昔バルディ伯爵のカメラータで皆で築き上げた新しいスタイル、音楽的には自らの閃《ひらめ》きによって多くがなしとげられたそのスタイルを、いまさら弟子格のペーリたちの手柄にされたのではたまったものではなかったのだろう。そこで自らの権威を振りかざして、虚偽も交えつつ自分の功績だと訴えたのではないか。

こんなカッチーニの人柄も反映してか、『新音楽』の序文にはネガティヴな雰囲気が漂《ただよ》う。まずは古いやり方に対する痛烈な批判、そして対位法によって作曲された作品とそこに付けられた「ディミニューション（パッサッジョ）」に対する批判である。そして「巷《ちまた》のパフォーマンスは間違いだらけ」の苦言、おまけに猥褻《わいせつ》な大衆向けのカンツォネッタも非難している。

しかしまあ、カッチーニにダメ出しされた諸様式も素晴らしいものであることには間違いないので、いつの時代にもみられる直前の先行スタイルに対する過度なアンチテーゼであることは否めない。

あらためて『新音楽』の序文の内容に目を向けてみよう。まずは、対位法に対する苦言が語られる。

・対位法のせいで音節が不自然にのび縮みしてしまう
・意味や詩型（日本の五七五のようなもの）を損《そこ》なってしまう
・「音楽はまず言葉、次にリズム、最後にメロディ」とプラトンもいっているではないか！

さらに、対位法によって書かれた曲につけられる「パッサッジョ」に対しては、大衆には受けるが「情感をこめて歌うということがどういうことかわからない人々のために考案された方法だ」と手厳しい。「感情豊かな表現にとってパッサッジョほど有害なものはない！」と毛嫌いするような言葉が続く。

それに対し、カッチーニが考案したというか命名した「ルンギ・ジーリ・ディ・ヴォーチ Lunghi giri di voci（声を長く回転させること）」を正しい場所で使用することを推奨《すいしょう》している。これも要するに派手なパッサッジョなのであるが、さすがに「回転」という名前だけあって、くるくると転がりながら上下する印象である。パッサッジョは四つくらいの音のパーミュテーション（順列）を使っていて、あらゆる音の組み合わせを眺めると、使われる種類が意外に限られているのがわかる。その中でも「回転」ぽい動きを促し、カッチーニが多用しているのは、特に「キエーブロ（ターン）」的な動きの羅列《られつ》である。このスペイン由来の音型、また、後付けのアッチェントをいちいち伴ったようなアラブっぽい音型、これらをちょっと民族的な表情で、さらに、付点音符や「リバットゥータ・ディ・ゴーラ Ribattuta di gola」[6]をコブシっぽく演奏すれば、かなり

[6]
リバットゥータ・ディ・ゴーラ

カッコいい「ルンギ・ジーリ」の演奏になるのではないか。

カッチーニが序文で強調した表現法で重要なものに「エスクラマツィオーネ l'esclamazione」がある。

エスクラマツィオーネは、下降する付点音符で使用する表現で、歌い出してからいったんデクレッシェンド、続くオフビートのところで少しクレッシェンドする。この表現は最後のオフビートに向かってエネルギーが溜《と》まることになる。

カッチーニは付点のない全音符などでは「クレッシェンド&ディクレッシェンド Il crescere e scemare della voce」のいわゆる「メッサ・ディ・ヴォーチェ」（後出）の歌い方を推奨しているが、この表現は音量的には萎《しぼ》んでしまうので、内的エネルギーはキープしたほうがカッチーニのコンセプトに合致すると思う。

「あまりキチンと歌わない、センスの良いルバート」として提唱している「スプレッツァトゥーラ Sprezzatura」という用語もある。スプレッツァトゥーラは、当時のベストセラー、宮廷作法の手引書『宮廷人 Il libro del cortegiano』（バルダッサーレ・カスティリオーネ著、一五二八）から引用されていると思われるが、意味合いは、計算された無造作。イタリア男のスタイリッシュな着こなしのような感じである。

また、歌い出し「イントナツィオーネ L'intonatione della voce」にも言及があり、やはり、エスクラマツィオーネ的な表現を良しとしている。ここで驚くのは3度下からアッチェントで始める方法を「ハーモニー的にヤバいときがあるし、もう古くさい」と一刀両断していることである。これを知ったとき、自分自身がこの3度下からのアッチェントをとても多用していたので焦ったのを覚えている（私の専門楽器のコルネットは、いきなり高音で始めるのが難しいのだ！）。

さて、譜例を用いて特に強調されているのは「グラツィア grazia」の表現法についてである。「グラツィア」は優しくて、上品で、洗練されていて、慈悲深くて、寛大で、とにかく「最高に美しい！」ということであり、スブレッツァトゥーラのセンスの延長上にある[7]。

後ろの音符の音価を引きのばしてエネルギーを溜めていることがわかると思う。付点八分音符と一六分音符は、最初の音符が長くなっているが、この場合、一六分音符から付点八分音符へのペアリングで捉えるので、やはり後の音がのびていると考えてよい。

このルバートは、序文だけでなくほとんどの曲中でも用いられている[8]。

さらにこの序文と並んで、同じく音楽作品における序文のかたちで我々のバイブルとなっている資料に、ジローラモ・フレスコバルディ

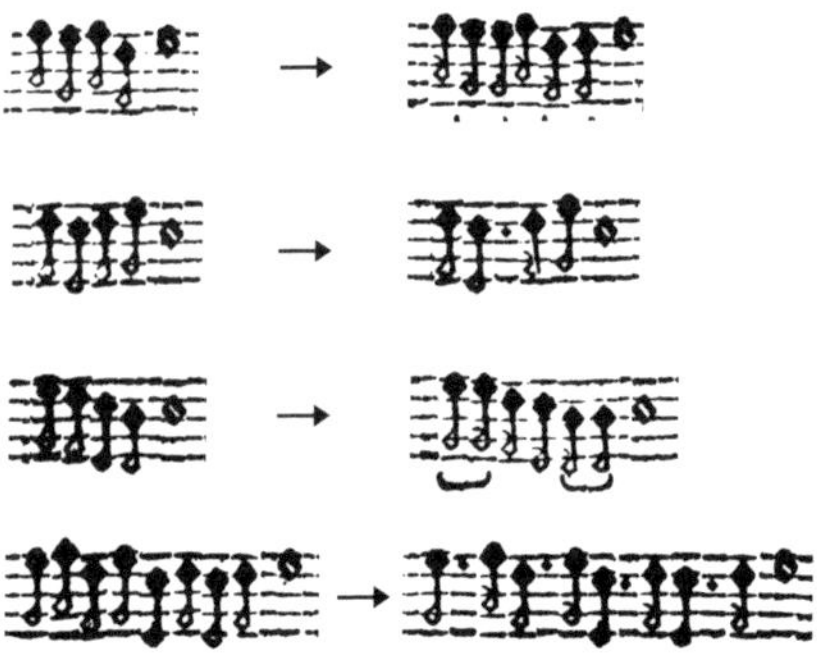

[7]
カッチーニ『新音楽』より
「グラツィア」の表現法
（右のほうが望ましい）

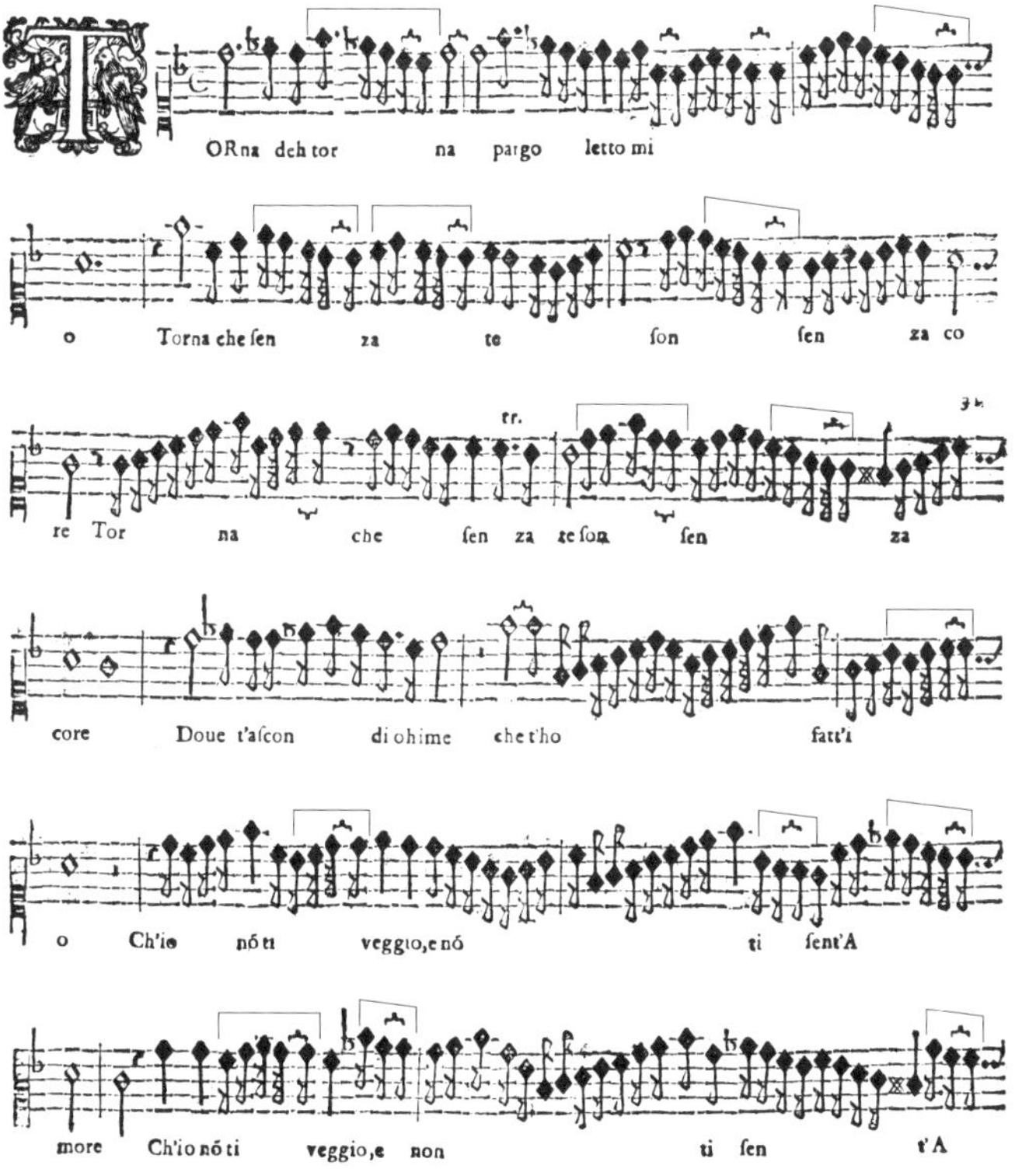

[8]
ジューリオ・カッチーニ『新音楽』より「戻っておくれ」
（┌─┐は、「グラツィア」の表現が書き込まれている箇所を示す）

『トッカータ集　第一巻』の序文がある。その中で、関係がありそうな項目を挙げてみたい。

第四項

——トリッロ、また跳躍や順次進行のパッサッジョの最後の音は、たとえ八分音符や一六分音符、また後続する音と異なる音価の音であってもそこで止まるべし。（後略）（著者注＝ここでいう「最後の音」とは最終音も含めると、最後から二番目の音を意味する）

第五項

——カデンツは、たとえ速く書かれていても、充分に音を保つべきである。そしてパッサッジョの終わりやカデンツァに近づくにつれ、テンポをだんだんに遅くしなさい。

第七項

——両手の一方が八分音符でもう一方が一六分音符の部分は、速く弾きすぎないように。そして一六分音符は、若干《じゃっかん》、付点を付けて演奏しなさい。その付点は最初ではなく二番目に付ける。（後略）

第四項の「トリッロ、また跳躍や順次進行のパッサッジョの最後の音はフェルマータすべし」については、ちょっとした思い出がある。

このやり方は長らく誤解されていて、以前は最後の音のフェルマータというところで、休符を追加して演奏されていたように思う[9]。

だが、本来はテヌートで引っ張るのが正しい[10]。

この規則を律儀にすべての箇所で守っている演奏も過去にはあまりなかったように思う。私もこの理論を勉強したとき、特に順次進行でいちいち止まることに疑問を覚えた。しかし、ちょうどそのとき、イタリアのリコーダーのおじいちゃん先生と気軽に話せる立場にあったので、ちょっと質問してみた。

「カクカクシカジカの規則は本当に常にやらなければならないのですか?」

おじいちゃん先生曰く、

「う~ん、それはさすがにないと思う。でも君、ちょっとどういう感じか弾いてみたまえ」ということになり、チェンバロでこのルバートを弾いてみた。すると、

「えっ? 何かやった?」

「……」

このイタリアの老紳士は、他の音より少なくとも二倍以上のびた最後から二番目の音のルバートに気付かなかったのである。

そのとき私は、「あー、もしかして、イタリア人にとってこれは普通のこと、超ナチュラル・ルバートなのか……」と思った。その後、この習わしと

[9]

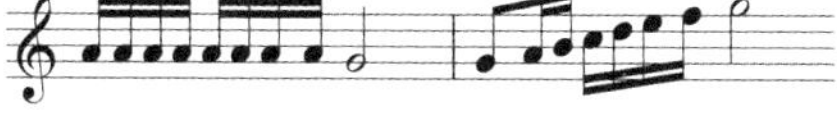

[10]

自分が近しい関係になると、この手のルバートに関する歴史的文献はかなり存在することに気付いた。また、イタリア（またはスペイン系）の歌手や演奏家が、古楽に限らずこのルバートを自然に使っているのが耳につくようになった。

このような、エネルギーが溜まって最後から二番目の音で音がのびるセンスは、イタリア語の語感にも由来すると思う。「ペペロンチーノ」「マルゲリータ」音節の最後から二番目にストレスがかかる。そしてそこでのイメージは「オー・ソ〜〜レ・ミーオ」のような下方向へのエネルギーだ。

カッチーニはこの最後にかかるイタリア語的なルバートを、最高の賛辞の意味をこめて「グラツィア」と称したのではないかと思う。元気よく生まれてだんだんに衰えるのでもなければ、「幼年期・壮年期・老年期」のような放物線を描く人生でもない。最後に花開く瞬間まで懸命に生き抜くのだ。そしてこの歌心のエネルギー感こそが、彼が序文だけでなく『新音楽』全編を通じて、最も強調したかったことのように思えてならない。

歌心も「人生最後に花開く」のである。

ミューズとの交信、あるいはシャロン・ストーンとの妄想デートについて

シャロン・ストーンの大ファンである。主演映画『ハリウッド・ミューズ』ももちろん見た[11]。映画が始まってまもなく出てくるセリフに次のようなものがある。

「ミューズを知ってるか？（中略）ミュージックの語源でもあるんだ」

そうだよな……。

初めて知ったわけでもない気がする。久し振りの再確認といったところか。

演奏したり、音楽的なアイディアを捻《ひね》り出しているとき、今まで考えもしなかったことが突如《とつじょ》ひらめく。それは自分にとって、とてもとても

[11] 映画『ハリウッド・ミューズ』DVDジャケット（1999、アメリカ）

「不思議な」体験である。きっと音楽の神様が微笑んでくれたに違いないと思える瞬間だ。

微笑んでくれた神様はもしかして、そのミューズ神？　はたまたゼウスの息子アポロンか？　それともここは日本だから弁天様か？　やはり自分としては美しい女神様ミューズだと思いたい。見た目はシャロン・ストーンのような見目麗しい御方だということにしておこう。


ものの本によると、あるべき未来の答え（アイディア）を引き出したいときには、まず膨大《ぼうだい》な情報を脳にインプット↓脳ミソが溜めこんだ情報を勝手に整理整頓&おまけに無断で関連以外の情報も適当にブレンド↓ちょっと一服、リラックス・タイム↓ジャジャーン！　ひらめきが突然訪れる！……らしい。これはたくさん勉強するとご褒美《ほうび》をもらえるということなのか!?　やりましょう！　勉強！　やるしかない。私の経験では不思議なことにこの方法で「アイディア」は本当にやってくる。子供時代のサンタクロースのように。

しかし、さらに不思議なのは、お勉強しなくてもひらめくときがあるのだ。夢か幻か、思いつくはずのないアイディアが突然頭をよぎることがある。そんなときは、自分の意識とは異なる存在に導かれ、教えられているようにも感じる。それに伴って湧きあがる敬虔《けいけん》な想い、感謝の念、最高のフィーリングだ。その時々に必要な「真実の一ページ」を垣間見せてくれているようだ。それは過去の記憶のように曖昧《あいまい》だけど、そこから真実へ向けてのファンタジーを想起させてくれるような、有機的なエネルギーを持った瞬間なのだ。

このようなことが起こった場合、そこで得られたアイディアは、勉強して得たアイディアより数段優れていると感じる。なぜなら、この「ミューズの微笑み的」アイディアは、とにかく後々までブレないのだ。

ということは……。待てよ、もしかして勉強なんかしなくてもよかったということなのか⁉

誰もやっていない的アイディアを捻出する作業は、音楽活動においては結構必要なこと。したがって、このひらめきは頻繁に起こってくれないと困る。でもこのひらめきをいつも得られるようコントロールするにはどうしたら良いのか。瞑想？　それとも信じること？　そんなわけで、私はこの不思議ちゃんをなんとか意識的に得ようといろいろなことを試みてきた。

そもそも、私がこの手のいかがわしいとも思える体験を「必要不可欠」な事柄として捉えてしまっているのは、自分が専門とする一七世紀初頭以前の音楽家たちとポリシーをともにしたい、「同じになりたい」という想いがあったからだ。

学生時代に耳にした、リコーダーの巨匠フランス・ブリュッヘン氏（一度だけレッスンを受けたことがある）の一言、「バロック音楽をやるならラシーヌくらい読め」に衝撃を受けて以来、自分も当時の思想、宗教、政治観を探り「僕も当時の人間になるんだキャンペーン」をずいぶんストイックにおこなってきた。そんな中、彼らが重んじていた「霊的」なことにも真面目に敬意を払って考えるようになった。

人間の脳の構造は生物の進化を年輪のように刻んでいる。やはり、昔のほうが動物的な脳の働きが強く（というか人間的な脳の働きが弱く）直感に長《た》けていたということはあるらしい（しかもデカルト＝ニュートン時代までだというから、結構最近までである）。
動物脳のほうがミューズとのやりとりがスムーズなら、そんな時代の音楽だから自分はバロック以前の音楽が好きなのかな、とも思う。

天空の配置には音楽がある。——ピタゴラス

ピタゴラスをはじめ、プラトン、プトレマイオスなど古代ギリシァのお偉方たちは、音楽の力がどこから来るのか真面目に考え、宇宙の調和が反映されたものこそが音楽であるとし、音楽を天文学、数学と結びつけた。一五世紀メディチ家お抱えの哲学者フィチーノはピタゴラスにならって、大宇宙と人間は音楽的調和で結びついている、と説く。一七世紀ドイツの自称音楽家、天文学者ヨハネス・ケプラーは、「この宇宙は神が創造したのだから整然とした原理が存在するはずだ」と考え、いわば神の実在を証明するために宇宙の原理を探索した。彼はプトレマイオスに敬意を表しながら、宇宙と音楽のかかわりにも深く言及している。
それでは、音楽的アイディアを生み出す偉大な力、ミューズの囁《ささや》きは惑星間の奏でる音楽の波動からくるものなのだろうか？

「人事を尽くして天命を待つ」

昔の人は信心深いからであろうか、時代を遡れば遡るほど、こんなスタンスで創作活動をしていたように思う。今日では作曲家と称される人たちも、皆、当時は何らかの楽器の名手であったり歌手であったり、普段は即興演奏をすることが多かった。いざ五線紙にペンを走らすときにも、頭の中の即興演奏を聴音しているだけなんていう人もいることは、作曲スタイルを分析してみるとわかる。

このようにペンを下ろす直前に彼らに微笑んだミューズは、同じ微笑みを数百年後の私にもくれるだろうか？　ミケランジェロにならえば「ただそこにあるものを取り出す」ようにその情念を得ることはできないだろうか？

そんなことを模索していくうちにある日、「チャネリング」という言葉に出会った。ここに興味を持ったいきさつも自分にとってはとても不思議な体験だったので、幸か不幸かこの出会いは「神様のお導き」みたいに感じてしまっている。

チャネリングとは「わけのわからない大いなる何かとコミュニケーションする」ということだ。チャネリングとは「道筋をつくる」とか「チャンネルを合わせる」という意味だから、この言葉を知った当初は、チャネリングはAMラジオのチャンネルを微妙に動かしながらナイター中継を探すようなもので、そのとき大体何ヘルツくらいかわかっていることが重要なのではないか、そしてその番組情報をなるべく正確に知ることが勉強なのではないかと思っていたが、このチャンネル合わせはもっともっと深いところでおこなわれていると気がついた。

「不思議なことってあるもんだ！」

この軽い驚きの言葉の裏には、不思議なことはめったに起こらないという含意がある。対して「世の中不思議なことばかり」といわれることもある。不思議現象はそうそう起こらないことは前提にしながらも、でもなんだか不自然に多いかも、といった不思議現象に好意的な人々の発言。一体世の中、不思議なことが多いのか少ないのか？

この際、この世の出来事すべてが不思議なことだと考えたらどうだろう。偶然に見えることもすべて必然であり、仕組まれた何かがあるというふうに。不思議ちゃんを珍しいこと扱いしていると、なかなかここぞというときに現れてくれない。もしミューズを信じてあらゆることを受け入れられるのなら、ミューズは声の届くすぐそばまで来ているし、もともとそこにいたのだともいえる。普通に「集中」しさえすれば、それはもうスポーツ選手がよくいう「ゾーンに入っている」状態なのだ。そんなふうに思い込んでしまったらどうだろう。自分の頭脳意識に向かって「シーッ！　皆んな、おしゃべりをやめて静かに！」と言い聞かせ、ミューズと交信する準備をおこなう。信じること、それはすなわち、ちょっとだけこの集中を過大評価することなのかもしれない。「これはただの集中ではない」と。

そして、いつでも「呼ばれて飛び出てジャジャジャジャジャ〜ン」と出てきてほしいので、日頃からミューズ様への「おもてなし」を忘れないよう気配りしておくのだ。私の場合、女神ミューズのことを古代ギリシャ人のように完全擬人化しており、現実の女性と同じようにかなり嫉妬《しっと》深いと想定している。そして、その彼女が焼きもちを焼かないように、ビクビクしながら気を付けている感じである。

練習をおサボりしてたまには映画鑑賞。そんなときでも「あ〜、練習しなきゃ、練習しなきゃ」と思いながら見ている。罪悪感で楽しめない。罪滅ぼしに「この映画、何か自分の音楽の役に立ちはしないか」と思ったり。とにかく、よく推奨される「○○は忘れてリフレッシュ！」が音楽に対してはできないのだ。だって、「昨日、映画を見たんだけど、君のこと忘れてスッキリ気分転換できたよ」なんてセリフは女の子には吐けない。やはりここは嘘でも、「映画を見ている間もずっと君のことが気になっていた」というほうが女の子は絶対喜ぶ。

そして、ミューズ様は本番とリハーサルの扱いに差をつけられるのも大嫌い。だから音を出すときはたとえ個人練習でも常に真剣モードを要求される。それから、テクニックに特化した練習もお気に召さない。何でもかんでも音を出すときは常に「音楽的」を心掛けないと怒るのだ。ピアニストのラン・ラン氏も、「ハノンをゆっくり弾くときは、美しいバラードのように」といっていた。彼もかたわらでミューズに見張られているのかも知れない。

そして、女性が喜びそうな「君さえいれば何もいらない」「君が僕のすべて」「君しか見えない」などの歯の浮くようなセリフを心の中で投げかけるのだ。このことを堂々と話したりすると彼女はもっと喜ぶかも知れない。恥ずかしがることはない。本当にシャロン・ストーンみたいに美しかったら皆んなに自慢するはずだし、事実、音楽はすべての事柄、すべての芸術に優る「この世でいちばん大切なもの」なのだ。

世界のホームラン王、王貞治選手がとある音楽雑誌のインタビューに答えていたことがある。王選手はピアノが弾けるのだ！

「音楽はこの世でいちばん大切なものです。私も生まれ変わったら音楽家になりたい」

ほらね！　あんなに野球を究《きわ》めた人でも音楽がイチバンだといってる（先日、清原選手に「生まれ変わったら一緒に野球やろう！」とおっしゃっていたのがちょっと気になるが……）。

「私の愛犬の○○ちゃんは、私がピアノ弾くとそばに寄ってきてうれしそうに聴いてるのよ」

ホーッ!!　なんと賢い犬だ。音楽に夢中なのは人間だけではないぞ。

「いや、人は人それぞれ、その人にとっていちばん大切なものがあるんだよ。それに犬はエサのほうが大事なんだよ」

「えー、マジですか……。三度のメシより音楽が好きな犬はいないものか？」

プロの音楽家はもちろん、アマチュア音楽愛好家の方々、音楽リスナーの方々、いまだ音楽に興味がない人でも、皆んな一度音楽の虜《とりこ》になりさえすれば、すべての人が音楽に夢中になるはず、他のことが手に付かなくなるはず、絶対そうであるべきだ！　若い頃は本当にそう思っていた。

それに、私は音楽的なアイディアはもちろん、いかに生きるかの教訓にいたるまで、すべてをこの音楽の神に導いてもらった。自分にとってミューズの女神は、神社仏閣、教会でお目見えする一般の神様より偉いのだ。あらゆる偉大なものの上を行くのだ。

自分が古代ギリシャ人のように音楽を偶像化し、ミューズと妄想デートするときのことを漫然と書き連ねてきたが、もちろん、大いなる存在が本当のところ何なのかはわからない。神様、宇宙、守護霊、ハイアー・セルフ……。結局は全部同じものなのかもしれない。あるいはそんなものは脳が見せている、ただの錯覚なのかもしれない。

これまでの私の不思議体験にしても、これらはけっして「確かな」ことではなく、ただ「そんな気がしただけ」なのである。それをただ信頼し大事に育ててきただけともいえる。しかし、チャネリングによって得た突拍子もない情報は、いつも私にとって人生を左右するようなかけがえのないものだった。このことだけは絶対に事実である。

そういえば、ミューズの女神って本当は一人じゃなくて、何人かの総称なんだよな——。ヘシオドスによるとミューズはなんと九姉妹。このような文化系なお姉様たちでなければ、女子ソフトボールチーム結成も可能な数だ。ならば、もっと美女軍団的なミューズ像を妄想するか。

〈ヘシオドスによるミューズ神のラインナップ〉
カリオペ（叙事詩）＝ジュリー・アンドリュース
エラト（恋愛詩）＝アンジェリーナ・ジョリー
タリア（喜劇）＝ジェニファー・アニストン
メルポメネ（悲劇）＝シャーリーズ・セロン
テルプシコラ（舞踊）＝ジェニファー・ロペス
エウテルペ（音楽）＝シャロン・ストーン
クリオ（歴史学）＝モニカ・ベルッチ
ウラニア（天文学）＝ジュリア・ロバーツ
ポリュムニア（修辞学）＝水野美紀

す、すごい！　すごすぎる！　こんなベストナインに囲まれたら、絶対によそ見はできない。

歌心のプリマドンナ〜音の位置エネルギー

昔、イタリアを訪れると、まずピザを食べてからCD屋に行って、ミーナの新盤を探すのが常であった。ミーナはイタリアンポップス界の美空ひばり的存在、彼女の『Della Terra』という、クラシックの宗教曲を集めたアルバムをご存知であろうか？　私にとって、それはもうメチャクチャ参考になるアルバムであった[12]。

クラシック以外のジャンルのプレーヤーがクラシック音楽、特に古楽を演奏したものを分析するのは自分にとってとても有意義で、これまでもできるかぎりこの手の演奏を聴きあさってきたが、このミーナのアルバムにおける、モンテヴェルディの『アリアンナの嘆き』の宗教版『聖母マリアの涙 II pianto della Madonna』には特に大きな衝撃を受けた。ミーナは地声のせいか高い音域が苦しそうに聴こえる。でも、その苦しそうな音色が「今は高い音なのよ〜」と主張してきて、ものすごいインパクトを生み出すのだ。ロッ

[12]
ミーナ『Della Terra』CDジャケット

クのシャウトに近いかもしれない。高音はクラシックで発声に無理のないプリマドンナだったら大音量で圧倒してくるだろう。自分はどうやら、このようにメロディの高低差がやたらと激しく感じられる熱い歌が好きなようだ。

中世の時代、音楽が記譜されるようになってからしばらくのあいだ、「音の長さ」は明確には記されなかった。それでは当時の演奏者たちはそれをどうやって決めたのか？

まず、そこに歌詞があれば、その「言葉」のイントネーションにより、おのずと音価は決定されていたという考え。この時代は、メロディが言葉の抑揚に寄り添って作られていることが多い。言葉の抑揚こそがメロディの生みの親なのだ。この方法はその時代の言葉、いわゆる古語の発音や、はたまたその場所の方言などに精通していないと容易にわからず、我々日本人にとっては超難題となる。また、音価に二対一のリズム・モード的な長短を付けるという方法もある。とにかく最終的には人により諸説紛々、学者や演奏者の数だけ解決案が出てしまい「人の数だけ幸せがある」みたいな状況になってしまう。しかし、いつの時代もルバートなどによってメロディのタイミングが微妙に変化することはあるわけで、音の長さの解釈が人によって千差万別になることは多少の差こそあれ、常に起こり得ることである。

また、たとえばジャズ・ライヴハウスで『枯葉』を聴いたとしよう。そこで、最初のテーマが原曲のリズムどおりに演奏されることはまずない（原曲のリズムがそもそもどんなだったかもよくわからないが……）。アドリブに突入後はコード進行だけで『枯葉』とわからない人でも、テーマを演奏しているときには誰でも『枯葉』だとわかる。リズムがジャジーに変化しようが、コードが複雑化されようが、メロディが多少フェイクされようが、骨格に『枯葉』のメロディがあれば、なんとも『枯葉』に聴こえてくるのである。これは、解釈やルバートによって微妙に違うどころではない。

そう考えると、メロディに向かって「音価はいかがいたしましょう?」とおうかがいをたてたなら、「僕、こだわってんのそこじゃないから」という答えが返ってきそうだ。メロディの本質は音価にはなく、「音の高低」だ、といえるのではないだろうか。

また、先に「メロディ自体にもリズムがある」と述べた。ここでの「リズム」とは、今日我々が知っているような意味合いとは異なり、音と音の間にあるエネルギーを紡ぎながら、秩序と相まって「かたち」づくられるものである。そのエネルギーを感じるうえでも、いちばん尊重しなければならないのが、音の高低差であるともいえよう。

私の携わっているような古楽作品は、後の時代に比べて音域が狭く、音の並びもなだらか、跳躍の度数も低い。そんな昔のメロディは、今の感覚からすると穏やかな演奏を想起させるかもしれない。ヒーリング系の音楽が好きな人にはピッタリ。しかし、当時も穏やかな演奏が普通のことだったのだろうか?　スタンダードな音量は現代より小さかったかもしれないが、音楽表現のスケールまで小さかったとは思いたくない。

私が日本の大学に通っていた頃、オランダから来日中のとある高名な古楽奏者が特別公開レッスンに来てくれた。そこで、「古楽の演奏は、ちょっと目立つ音型があったときに、それが大きなインパクトとして聴衆に伝わるよう、普段はフツーでいることが肝要だ」というたぐいの話をしていた。彼にはお喋《しゃべ》りな叔母さんと寡黙《かもく》な叔父さんがいて、叔母さんが大事なことを言っても皆あまり聞かないが、叔父さんが口を開こうものなら「オーッ、叔父さんが喋った！」と聞き耳を立てるというのだ。ニコラウス・アーノンクール氏にも、何もない野原を描いておけば、そこにウサギが一匹ピョンと跳ねただけでも事件になる、といった言及があったような覚えがある。

このような方法も、なんとか曲からインパクトを引き出そうとしていることには違いないのだが、私の好みからいうと、この「普段は歌いすぎないで」みたいな抑制が耐えられない。曲が始まったら最初から最後まで死ぬほど歌いたいのだ。だから私はこれとは違った方法で対処したい。それは、音の高低差を「音の位置エネルギー」として大袈裟《おおげさ》に捉えるということである。

たとえばスケールを考えたとき、一つひとつの音の段差が、ウサギ跳びで登れるようななだらかな神社の階段のようではなく、ピラミッドの壁面みたいに石段の高低差が激しい、とイメージすると、

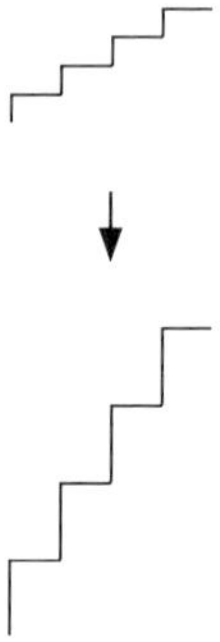

2度の段差がこのように大きくイメージできたら、3度跳んだときはもっと、4度はもっともっ

と、5度はもっともっともっと、6度はドッカーンというようにイメージを設定しておけば、起伏の少ないメロディでも、歌心は大袈裟になりダイナミックで熱くなるだろう。

昔から、「高音域はフォルテ、上行型はクレッシェンド」などということはよく耳にするが、これは音の位置エネルギーを感じたときに基本的におこなわれることかもしれない。メロディの表情として指示されることもあるし、実際、歌や管楽器で高音を出すのは苦労が伴うので、呼吸テクニックと絡めた話として聞かれることもある。逆に上達してくると、「高い音でも楽《らく》そうに」「全音域を同じ音色で」などなど、位置エネルギーはなるべく感じないで「余裕をかます」ほうが良しとされるようになるかもしれない。しかし、私の考えでは、これでは音楽がつまらなくなる方向へ向かう。

さて、音の位置エネルギーもまた、心の中の歌心の舞台でイメージするべき事柄である。音の高低差を感じるということは、上行音型のときは本当に何かが上がるイメージ、下行音型のときも実際に何かが下がるイメージを持つという、とても簡単なことだが、このイメージは絶大な効果を生むのだ。

上行／下行のイメージは何でも可能であるが、「位置エネルギー」だけに、何かしらの引力を同時に感じていないと成立しない。そのときの引力はニュートンが発見した引力じゃなくてもよいだろう。より自由な感じである。

また、アグネス・チャンの歌のように、中国の胡弓っぽくメロディを全部ポルタメントで歌ってみると、すべての音と音の段差は坂道になるだろう。音の位置エネルギーをイメージするときの重要なポイントは、音の移り変わりを、実際にはポルタメントで繋《つな》げないにしても、音が発せられてすぐに次の音の高さに向かった傾斜がある、と考えることである。この傾斜の角度や形状はやはり多種多様、自由なものである。

また、あるていど演奏者自身が そのイメージに入りこんでいることも重要かもしれない。歌手や管楽器奏者は演奏中に、自分の音域のテクニック的なポジションを設定していることがある。それと似たようなこととして、上下における自分の位置決めをするのだ。それに対し、

「自分より上から落ちてくる」のか、

「自分より下へ落とす」のか、

が意識される。そしてそのイメージはなるべく「垂直」なほうが音楽はダイナミックになる。物理的にも真下への落下のほうが衝撃が強いであろう。傾斜を左右に広げれば、そのぶんエネルギーは穏やかに感じられる。

と同時に、左右、前後などの、露骨に「距離を動いている」イメージはちょっとだけ危険である。たとえば、「方向性」を出すような表現はこれに近いかもしれない。「ベターッ」とした演奏を嫌い「音に方向性を持たせて」「次の音へ向かって」などということはよく耳にするアドヴァイスだし、左右前後に身体を動かして方向性を感じながら演奏する人は多いだろう。これが時間的な方向

性であったら、目標の「点」が決まってしまうだろうし、実際の音に方向性が表れるということは、一定のクレッシェンドと一定のアッチェレランドなどがあるということだ。この「一定さ」が仇《あだ》となって退屈な演奏に繋がってしまうのだ。そしてこの方向性は往々にして、次の強拍に向かうことになるので、拍の支配からも逃れられなくなる。歌心は、拍に押し出されたり、引き寄せられたりすると、自由なファンタジーが発揮できない。

人間の耳が知覚する「音高・音量・音色」の中でも、音高は唯一、音の個別化を決定する要素だし、数ある空気振動の中でいちばん主だったものが音高として認識される。

したがって、音の高低差のほうにセンシティヴに反応し、そこから生じるエネルギー感を感じることは、まさにメロディの本質に寄り添うことになる。そのイメージは「メロディにふさわしい表現」という印象を聴き手に与えることになるだろう。

その演奏は、たんなる音の羅列にならず、クレッシェンドなどの音楽用語に「ただ従う」だけの感じにもならず、もっと奥深い表現となる、まさに「歌心」の主役を張るプリマドンナなのだ。バレエのプリマドンナが空間を舞うように、オペラのプリマドンナが命懸《が》けで高い音を出すように、音の位置エネルギーは旋律表現の花形なのである。

歌の心は母心「母音が好きなんやで〜」

我がグループ《アントネッロ Anthonello》が初のニューヨーク公演をおこなったときのことである。

せっかくのニューヨーク、しかも生まれて初めてということで、「ミュージカルでも見てみるか」ということに。実はこのとき私はミュージカルも初体験だった。音楽家のくせにこの歳になってもまだ一回も見に行ったことがないというのにはある意思が働いており、つまりミュージカルが「苦手」だったのである。

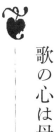

見終わったあと、「完全に食わず嫌いだったな」……反省した。すぐさまその後のニューヨークでの空き時間はすべてミュージカル鑑賞に当てた。

次から次へ繰り出す出演者たちが皆歌い、踊り、そして演技と、三拍子揃いまくっていて、ブロードウェイのレベルの高さに目眩《めまい》がした。どれも素晴らしかったが、特に『ウィキッド Wicked』は印象に残っている。ウィキッドは『オズの魔法使い』のエピソード・ゼロといったストーリー。二人の魔女エルファバとグリンダがもともとは親友だったという設定だが、その緑の顔色をした魔女エルファバのアリアのすごかったこと。そして彼女の声の表情は、私の理想とする

「古楽」に通ずる歌い方だったのである。彼女だけではない、他のほとんどの登場人物もコーラスに至るまで、全員この歌い方だった。自分も合唱団で教えている身、どうやったらこんなに徹底させられるのか、ヴォーカルの指導コーチに尋ねたいくらいであった。

　この「歌い方」、クラシックではなかなかお目にかかることはないが、世界中の様々なジャンルでは、上手いプレーヤー御用達《ごようたし》の日常茶飯事のサウンドである。私はかねがねこの「歌い方」が、実は古楽のジャンルでよく見かける音楽用語「メッサ・ディ・ヴォーチェ Messa di voce」の正体なのではないかと思っていた。しかしながら、もちろん説得に足る証拠はない。だからここでの解釈は、あくまで「オレ流」だということでお許しいただきたい。

　その姿はザックリいうと、ベルカントっぽく「♫ マ〜〜ミマミマァ〜〜」とならず、「ウィー」という感じに聞こえるやつである。

　今まで、ジャズ、ロック、ポップ、演歌、民族音楽などなど、あらゆる場面でこの歌い方を探索、確認してきたが、ミュージカル歌唱は「♫ ラァラァララ〜〜」と朗々と歌っているイメージだったし、ちょっとクラシックっぽいのかな、なんて勝手に思い込んでいたのでノー・チェックだった。

　メッサ・ディ・ヴォーチェはイタリア語で「声のセッティング」という意味で、ひとつの音に対する「デュナーミク（音量）」の付け方を示唆《しさ》していることは確かなのだが、今ひとつ実態がよくわからない。特にこの言葉は時代により意味が変化したりしているので、その点でも混乱をきたしている。

一般的にはジューリオ・カッチーニが言及したような、「声を大きくしたり小さくしたりすることII crescere e scemar della voce」つまり、「クレッシェンド&ディクレッシェンド」がメッサ・ディ・ヴォーチェにあたるといわれている。しかし、私の考えでは、たとえ実際の音量はそうであったとしても、メッサ・ディ・ヴォーチェの本質は、抵抗感を感じつつ、テンション、プレッシャー、ストレスetc.といった何かしら内的なエネルギーが「増えていく」ことにあると思っている（ちなみに『悪魔のトリル』で有名なジュゼッペ・タルティーニはクレッシェンド・オンリー派）。

歌唱法の話題なので、呼吸と絡《から》めて考えてみよう。
リラックスして息を「吐く」ことは、深呼吸の「フゥ〜〜」や「ため息」がその代表であろう。一挙に吐くけれど、吐き始めは息量に比べて通り道や出口が狭いので、やや抵抗感がある。しかしそれは息量が減るとともに徐々に抜けていく。これがそのまま「音量」に反映されれば「クレッシェンド&ディクレッシェンド」となるのであろうが、前述したように、メッサ・ディ・ヴォーチェの内的なエネルギーは「増大」していく方向と考えたいので、たとえば、ヨガなどで精神統一して息を最後まで吐き続けるとか、風船を膨らますようなイメージをしてみたい。また、ハーモニカのように息を「吸う」ときも音が出る楽器を思い浮かべるのも有効であろう。吸気もリラックスした場合は最初に抵抗感があり後で抜けるが、最後まで「吸い切ろう」とすれば、エネルギーは増え続ける。

　この吸気のイメージは「音の出だし」で抵抗感を感じるのにはうってつけかもしれない。メッサ・ディ・ヴォーチェは、出だしの部分での母音の音量は限りなく「ゼロ」に近く、そこで抵抗感を感じながら音量を絞るのが難しいからだ。実際は子音を知覚させるだけの一瞬の母音のアクセントは付けられるのだが、子音の直後の母音の音量が小さいため、子音は際立って聴こえる。これは発音が明瞭になるという点で、よく響きすぎる会場、たとえばヨーロッパの教会などでの演奏では絶大な効果を発揮する。

　とても不思議なことではあるが、音楽に対するイメージの「量」も、呼吸の量とリンクしているのだろうか。イメージが豊かであればあるほど、音が放出されるときに抵抗感が生まれる傾向があると思う。


　心して息を吐き続ける場所は「母音」のところなので、この歌唱法はある意味、「究極の母音唱法」ともいえるだろう。

　たとえば、八代亜紀の『舟歌』のサビを、母音をことさら強調して歌った場合、

♫し［い］み［い］じ［い］み［い］飲［お］め［え］ば［あ］

　このとき、［　］内の言い直す母音は、ちょうど真ん中あたりのオフビート、半拍ウラくらいに

乗っていると思うが、本来母音は、子音の直後から次の子音までずっと延びているものなので、母音が勤勉ぶりを発揮して、誰よりも早く出社、誰よりも遅くまで残業するように歌ってみる。

♫し［い］ーーみ［い］ーーじ［い］ーーみ［い］ーー飲［お］ーーめ［え］ーーば［あ］ーー

音を「これでもか！」となるべく長くキープし「溜め」を作ることによって、エネルギーが増大していくのがわかるだろうか。実際の音量がクレッシェンドするかしないかにかかわらず、母音を「キープする」という感覚だけで、エネルギーが増えてくる感じがするはずである。

また、この歌い方でどんどん音を並べていくと、その音と音とが連結するところに素晴らしい効果が生まれる。つまり、母音に最後の最後まで「まだまだー！」と粘られると、次の子音はなかなか出発できない。挙句の果て「遅刻だ！」と大慌てで登場するのだが、これがかえって音の移り変わりの「迅速《じんそく》さ」を演出し、リズムがイケてるという印象を与えるのだ。弦楽器が弓を返す瞬間をイメージしてもらってもいいだろう。

さらに、子音には次なる試練が待っている。続く母音がすぐに「どけどけ！」と押し寄せて来て、子音はすぐに身を引かねばならない。結果、子音は非常に「瞬間的」なキャラクターになる。ところがやって来た新しい母音は、子音に感謝するどころか、「本当はもっと早く来たかったのに……」とさらに我儘《わがまま》なことをいう。前のお母さんはギリギリまでいるし、新しいお母さんはもっと早くどけ！というし、「僕の居場所は一体どこなのーっ」、子音の悲痛な叫びに対して、新しい母音曰く、「とにかくあたしが来る前に消えろ」とあっさり決められ、子音は前にずれて音の移り変わりが定刻よりほんの一瞬早くなる。いわゆる「前乗り」の状態である。そのポイントは、自分で知覚したときにはもう「すでにある」「すでに通り過ぎ去っている」といった感覚である。

その後、このような虐待《ぎゃくたい》を受けた子音くんがグレてしまったとしよう。ある日、威厳のある校長先生に「この馬鹿モン！」と怒られるが、子音くんは逆ギレしてしまい、「なんだ？　バッキャロー！」と反発してしまった。校長先生が低い声で「馬鹿モン！」といったときの「馬」がオン・タイムな「点」を意識したタイミングだとすれば、子音くんがいったバッキャローの「バッ」が、子音が「キレキレ」で前乗りな感じである。

このことを逆手に取って、母音をすごく溜めながら子音を鋭く前出しにして発音し、まず「究極の子音唱法」を試み、そこから母音へ意識を持っていくのも、メッサ・ディ・ヴォーチェの有効な作り方かもしれない。

なお、ここでいう「オン・タイムのタイミング」とは、あくまでプレーヤーが自身で設定したポイントであり、アンサンブルで合わせるときや、譜面にしたがって演奏するときのインテンポといった絶対的なものではない。つまりテンポ・ルバートしたとすれば、そのルバートした音の頭が「オン・タイム」のポイントとなる。

これらのことは、音の移り変わりの動作が速いのと同時に、音が移り変わる瞬間が良くわからない感じにもなる。結果、メッサ・ディ・ヴォーチェは音ひとつひとつを最高になめらかに繋げる方法でもあるのだ。ちなみに、古楽の歌唱では、母音がヴォーカリーズで続く場合でも、軽く「h」

の音を入れてこの音を紡《つむ》ぐ作業をおこなう。また単語が母音で始まる場合は、母音がさらに子音の分まで前乗りになるだろう。

前乗りとは次のような感じである（『口笛吹きと犬 The Whistler and His Dog』より）[13]。

二つ目の音、(・ のような記号で示されたスラーの後のスタッカートの付いた音は、誰でも前乗り気味の演奏になるのではないか。最初のアウフタクトの音で溜めと勢いがあること、(・ のスタッカート記号によって、強拍が抜けた感じになるからだ。

先ほど、「ベルカントっぽくならず」などとベルカント様に失礼な発言をしてしまったが、ベルカントも母音を最も大切にする歌い方である。ここでの両者の違いは、母音を歌う際のイメージのうえでの「抵抗感」、そして「緊張感」の感じ方かもしれない。メッサ・ディ・ヴォーチェはこの「抵抗感・緊張感」を感じて歌うことが決め手だと思うのだ。

張り詰めたような緊張感はノン・ヴィブラートがよく似合う。クラシックのクラリネットのようにヴィブラートをかけない習慣がある場合は、メッサ・ディ・ヴォーチェっぽい表情が付いていることも多い。ヴィブラートは激しくかけるとあたかもインパクトを生み出すような印象だが、エネルギーを溜めこむかどうかという観点でいえば、「エネルギーを逃す」方向の表現である。逆に、表面上だけはエネルギーを逃しながらディクレッシェンドで演奏したいときには、ヴィブラートは有効である。その場合、ヴィブラートは音が真っ直ぐ発せられてから少し遅れてかかることになるだろう。

［13］アーサー・プライアー『口笛吹きと犬』

また、メッサ・ディ・ヴォーチェは本書で紹介しているような、他の様々なエネルギー感のイメージと絡めたほうがやりやすいということもある。

「位置エネルギー」の高低差から感じられるテンション、そこから生まれる抵抗感を感じてみてほしい（『カーニバルの朝 Manhã do Carnaval』より）[14]。

『口笛吹きと犬』も一オクターヴの跳躍で始まったが、このメロディの出だしもアウフタクトの音から一拍目の音へ6度跳躍する。そのとき、一拍目のドの音は前の音との比較で、音の「位置エネルギー」が感じられ、テンションがかかったようにイメージできるだろう。そうすると音に抵抗感が生まれ「ウィーー」という感じがやりやすくなる。

逆に音が下がったときは、テンションも下がるイメージになるので、メッサ・ディ・ヴォーチェはやりにくい。

クラシック音楽でこの歌い方があまり聴かれないのは、この抵抗感のイメージが、自然な発声の見地から嫌がられるのが原因かもしれない。さらに、クラシックにはない、「オフビート」のエネルギー感も、メッサ・ディ・ヴォーチェと相性が良い。拍単位でエネルギーが増大するオフビートと、一つの音の中でエネルギーが増大するメッサ・ディ・ヴォーチェが「相似形」になっているためである。この二つのことも同時に感じたほうがやりやすいはずである。

[14] ルイス・ボンファ『カーニバルの朝』

タクトゥス～ルネサンス時代の指揮法!?

中世以来、対位法の発達により、音楽作品の声部数は二声、三声、四声、五声……とどんどん増えてきた。一本の旋律を「皆んな、仲良く声を揃えてー」と歌っていたときには考えもしなかった問題が勃発！　それぞれがそれぞれに違うメロディを歌うとなると、「わー、なんだか音楽がズレズレになってしまうぞー」

そこで、日頃からこの傾向を面白くなく思っていた単旋律聖歌の mono 先輩がここぞとばかりにイチャモンを付けてきた。相手はここのところ飛ぶ鳥落とす勢いで台頭してきた対位法の poly 君。

mono 先輩「お前さー、そもそも曲が難しすぎるんだよ。なんでこんなにこねくり回しちゃってるわけ？　さては面白おかしくしてウケを狙《ねら》おうって魂胆だな。『聖歌』は祈りの言葉が大切なんだから、こんなの必要ナッシング！」

poly 君「それなら、先輩こそただ聖句を言葉で『唱えて』いれば良かったじゃないっすか。そっちだって受け狙いでメロディ付けしたんじゃないんすか？」

mono 先輩「違うもん！　言葉で唱えていたときには全然伝わらなかった祈りの『心』が、歌にしたらちょっと伝わったんだもん！　心の中なんか普通は絶対伝わらないんだから、歌にするのは偉大なことなんだぞ。これこそアートなのだ！　受け狙いなんかじゃなーい」

poly君「ほらほら、それって言葉にはないメロディの『動律』のお陰っすよね？　僕は言葉よりそっちのほうの良さをどんどんドンドン発展させて、『歌詞付き絶対音楽』を確立しちゃおうってわけなんですよ。それに、こっちには『タクトゥス』っていう強力アイテムがあるんで、『音ズレズレ』問題は見事に解決して見せまっせー」

さあ、ここで登場した「タクトゥス」とは！

ザックリいうと、我々にとってはとっても当たり前な「テンポを決めて拍を取る」ことである。でもこんな当たり前なことが、音楽史上「今、初めて必要になりました」という事実は、その前がドンだけ違うのか、ということを教えてくれているようで面白い。そしてこの、ザ・元祖・拍節の取り方「タクトゥス」には、もしかするとまだ拍節がなかった時代の古き良きセンスが残っているかもしれない。

「定量記譜法」の考案によって、すべての音符の音価は、現代の楽譜のように相対的に秩序立って書かれるようになった。だから音符を一つ選んで、それが時間的にどれくらいの長さなのかを決めてやれば、他のすべての音符も必然的に長さが決まることになるのだ。「時間、分、秒」や「メートル」は一日の長さや地球の大きさから割り算して決められたものだが、ギリシャ建築が日本の

「木割」のようなモドゥルス modulus を用いて完璧なバランスの神殿を築き上げたように、「定量記譜法」も、その分野ならではの「そのときの何か」の寸法をひとつの単位と定め、相対的にすべてのサイズを推しはかろうという方法である。タクトゥスは、この「単位」に一定の速度を決めて当てはめようという試みである。

その後タクトゥスは「拍」や「拍子」を指す音楽用語ともなった。

この頃は腕時計もなく、手軽に細かい時間を計る唯一の手段が「脈拍」だったからか、タクトゥスの速度は鼓動の「ドクンドクン」の速さくらい、または大体「一秒」くらいともいわれている。

タクトゥスという呼び名は、ラテン語で「触れる」という意味の動詞「タンゲレ tangere」または「触ること」を意味する名詞「タクトゥス tactus」からきている。また、イタリア語ではタクトゥスのことを「バットゥータ battuta」（打っ・叩く）という。「叩く」ならわかるが「触れる」なんていう意味はなぜなんだろう？　どうやら、穏やかなタップでつま先が地面に軽く触れることだったり、聖歌隊などで先生が生徒にまたは仲間同士で、腕や肩や背中を一定のリズムで触っていた、ということがあるらしい。

というわけで、タクトゥスは前述の測定単位の意味合いに加えて、このような実際の演奏を手助けする動作のことも示していた。確かにいくら長さの取り決めがあったとしても、実体のない時間感覚を正しく覚えておくのは至難の技だろうから、どうしてもこのような動作はしたくなるだろう。指揮法の先祖誕生というわけである。

タクトゥスが「初登場！」といっても、何かをバンバン叩いてリズムを取るようなことは、古代からすでにやっていたようだ。現在でも、音楽の先生が手を叩いて子供に教えるなど、よく見られる光景であろう。これが「うるさい、やめろー！」という批判はルネサンス時代から多々あったようだ。演奏中に余計な音を出さないようにという意識は当然働くだろう。

何かを「叩く」ような拍の取り方は、様々な物理現象でイメージできる。ボールが弾むような動き、振り子運動、メトロノームの動き、大縄《おおなわ》跳びのような円運動……などなど。現代の指揮法では、手が振り降ろされ空間を叩く「叩き」、または振り子運動のように手を動かす「しゃくい」がそれにあたるだろうか。

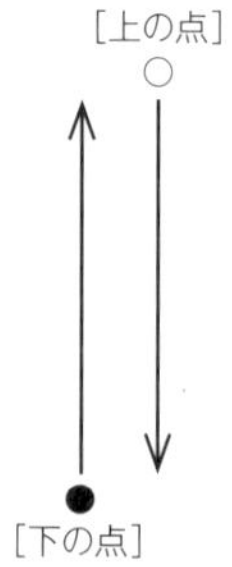

（ボールがバウンドするときの動き）

上の点はボールが跳ね上がり頂点に達したところである。一瞬止まる。速度は「ゼロ」。下の点は、ボールが「ポン、ポン」と弾むときに地面に触れる瞬間である。そのときの速度は最高に速い。

（振り子運動の等時性〔振り子の揺れが一往復する時間は揺れの大小にかかわらず一定である〕は、ガリレオ・ガリレイがピサの大聖堂のランプをみて、発見した）

ボールの上下運動にしろ、振り子運動にしろ、上下両方の点で自然現象的な折り返しがおこなわれる。「時」は勢いづいた「点」で刻まれることになり、その際の「下」の点はスピードが最も速い。このような運動性は、上下運動とはいえ、「下」の点を主役に一体化しているともいえよう。「上」の点が主役になれない原因は「わかりにくい」ということがある。上空で折り返すという点は確かに存在するものの、Uターンして帰ってくるような感じなので捉えにくい。たとえば「上」の点で曲を始めようとするとメチャクチャ難しいことは容易に想像できるだろう。指揮においても上の点をはっきりさせるためには、上の点でも小さく弾ませたりする。ポピュラー音楽ではおそらくこの理由から、カウントによって曲がスタートするのではないかと思う。

ところで、タクトゥスにはこの何かが「弾む」ような動きとは根本的に違う動きの解釈も可能である。

まず、手を瞬間的に上下に動かし、上の点も下の点も両方「止め！　止め！」で振る方法。点はわかりやすいかもしれないが、軍歌を歌うときの手の動きみたいになってしまうのでここでは除外しよう。

また、上下に動いている間が完全に同じ速度になるように振ること。これも相当に「僕はロボット」という自己暗示が必要になってしまうのでやめておこう。

やはり、さすがに少しはなめらかに動かそうとしていたのではないか。そうなると、人間の腕はどうしても引力を感じてしまう。

ここで提案したい動きは、「叩く」というより、手を「置く」といったようなものである。下の位置で弾まないで「着地」してしまうのである。

これに関してもいくつかの解釈があるだろう。

宴会で誰かが熱唱しているのを聴いている妙齢の麗しき日本女性が、お義理で拍子を取ってくれるような感じ。「だから日本人はリズム感が悪いんだ！」といわれるときに必ず引き合いに出される「手拍子＋揉《も》み手」の動作にも近い、「1」で優しく手を合わせ、「2」で離す、また「3」で手を合わせ、「4」で離す……みたいな動きである。現代の指揮法の二拍子だとすると、一拍目で置き止め、二拍目では撥《は》ね上げしたような感じである。このほうが「タクトゥス＝触れる」のイメージには近いかもしれない。

この動きは「エネルギー感の逆転」を意味していて面白い。何かを叩いて弾むときは、そのバウンドの瞬間、すなわち「1」がいちばん大きなエネルギーだったのに比べて、手を優しく置くとなると、「1」は静かで「2」は「よいしょ」と振り上げるので、「2」のほうが大きなエネルギーとなるのだ。

このことは、先に触れた「アルシス&テーシス」の概念とも一致する。

しかしここで、一つのタクトゥスの長さは、手の上下運動の片道の長さであり、上下運動の時間的長さは「同じ」であった、ということも一般的にいわれていることなので、片方の拍頭は必ず「頂点」に位置するという解釈も試みてみたい。

この動きはヴァイオリンのボウイングに似ているだろう。ヴァイオリンで音符を同じように弾けば、似たような上下運動になる（ちなみに、中世の弓奏テクニックでは、音符によって細かく弓を返すことはせず、基本的に弓の根元から先っぽまで常に行き来するように使ったらしい）。

この動きでは、下に着地するときは、前述の動きと同じように、上空から加速に抵抗しながら落下するイメージである。逆に下から上に上がるときは、最初に「よっこら！」とまず抵抗感がありそれが減っていく。動きは両方とも少し加速して減速するようになるが、「抵抗感」を感じるタイミングが違う。降りるときは抵抗感が増え、昇るときは減る。上下でそのストレスの違いが「シンメトリカル」に現れる。この手の「上げ・下げ」がシンメトリカルに現れることによって、タクトゥスの拍の二面性がクローズアップされることになる。

演奏において、このように何はともあれ基本的に二つの発音キャラクターをペアリングしておくのは結構重要なことで、ボウイングの上げ弓と下げ弓、またギターのアップ・ストロークとダウン・ストローク、親指と人差し指を交互に動かすリュートのフィゲタ奏法、二本の指の交替で弾くチェンバロ、オルガンのオールド・フィンガリング、管楽器のダブル・タンギング、ダバダバ・コーラスのスキャットなど、よく見られる現象である。この考え方ではタクトゥスは「拍のダバダバ」といえる。

タクトゥスは現代のように「強拍・弱拍」の概念を持たなかったのであるが、この解釈ではむしろタクトゥスのほうが「二面性」を持っていた、ということになるだろう。逆に後の時代はこの基本的な二つのキャラクターを失ってしまったから、「強拍・弱拍」の概念を付け加える必要があったといえるのかもしれない。

さらにもうひとつ、【閲覧《えつらん》注意】な私なりの「タクトゥス解釈」の仮説を述べておきたい。いくつかの史料では、タクトゥスの手の動きは、上から下へ「下げる」ところから始まるとされている。そのとき、いわゆる「ダウンビート」の様相はどうなっているのだろう？

①手が降り着いた下のポイントで「1」が始まるのか
②ヴァイオリンのボウイングのように、降りている最中は「1」が鳴っているところであり、「1」の開始のポイントはあくまで頂点のところなのか

どちらに考えるかで「1」の頭の位置の上下関係は反対になってくる。

私は自分なりの解釈として、「上」の点を「1」の始まりの点と定めたい。「上」の点を「1」の頭に設定するということは、「1」を強拍、「2」を弱拍とした場合、タクトゥスの強拍・弱拍の動きは、手が上に上がったときに強拍の音が出ることになり、弱拍のときは手が下に位置することになる。これはすなわちオフビート的な動きともいえるだろう。ノリノリで「指パッチン」したときの動きにも似ているし、指揮者の中にもこのような棒さばきをする人もいる。また、これを、「強拍・弱拍」の関係よりスケールダウンして「音の頭」と「音と音の間」の関係という観点からみると、「音の頭＝音の出だし」が「上」の点ということになる。


ここで、「上・下」の点のキャラクターを今一度比較してみたい。

「下」の点は明確であるのに対し、「上」の点は不明瞭でわかりにくいことは述べた。呼吸でイメージしてみても、腕が下がるときは呼気、腕が上がるときは吸気のイメージになると思うが、息を吐き切って吸うときの明確な呼気と吸気の交替に比べ、吸って吐くときのほうが切り返しがあいまいな感じになるだろう。

つまり「下」の点においては、
①振り子運動の場合→点前、点後に「勢い」がつく
②置き止めの場合→次に手を振り上げるための新たなエネルギーが必要になる

のどちらかになる。

発音に対して、①は「押し出されるような勢い」、②は「押し出す力」が働くことになる。

それでは「上」の点はどうだろう。

「上」の点は「勢い」に支配されず、発音直後から自由になれる。吸った息を止めずに吐き出す感じなので、区切られてしまうこともない。さらに「頂点」は、さすがに上に位置するだけあって、高いテンションを促される。にもかかわらず、その始まりが不明瞭でどこからともなく現れるので、その姿は、あたかも心の中の歌心が具現化された瞬間のように感じられるのだ。不思議なことに、心の中のイメージが映し出されるような気がする。このことは私にとって、最も「拍節」の束縛から逃れて歌えるイメージとなった。

というわけで、私はこのオバケのように空中の一点から出現する拍の存在を教えてくれたタクトゥスに大感謝！　なのである。

桃山ルネサンスの南蛮音楽～日本人のアイデンティティ

「あなたは日本人なのに、なぜヨーロッパの音楽をやっているのか？」

ヨーロッパ滞在中によくこのような質問を受けた。

「ウチは親もクラシック音楽の音楽家でして、日本ではわりと純邦楽よりも西洋音楽のほうが盛んな面もあり……くどくど……」

また、別の人に聞かれる。

「あなたはニッポン人なのに、なぜイタリアの音楽をやってる？」

「僕は前世でイタリア人だったのです」

いよいよ面倒臭くなって、適当にごまかす。

相手の外人さんが尺八を知っていたりすると、さらに始末が悪い。

「日本には尺八という素晴らしい笛があるのに、なんでリコーダーなんか吹いているのか？」

もう～、ちょっと腹立つけど、まあ、尋ねてくるほうにさしたる悪気もなく、我々東方の人間が西洋音楽とかかわった瞬間のやや感動的なエピソードでも求めているのであろう。

私の場合、父親の職業柄小さい頃から音楽といえばクラシック音楽しか周りになかったし、強制的にピアノなど習わせられたし、原体験として西洋音楽が入ってきたという点では、ヨーロッパの子供となんら変わりはないように思う。したがって国境を越えた文化を職業に選んだ特別な理由などなかった。

しかしながら、この問いかけに対して真なる答えを無意識に求めている自分も確かにいて、なぜヨーロッパのしかも何百年も前の音楽がこんなにも身近に感じられ、愛してやまない存在なのか、その理由が知りたいという気持ちは常にあった。

ある外来文化に対してアウェイ感が強いか、それともホーム感が強いかは、それがどれくらいの歴史を持つのかということで決まるのであろうか。

我が国の西洋音楽事始《ことはじめ》は言わずもがな、明治時代のことであり、私のひいじいちゃん（東洋音楽学校、現・東京音楽大学の創立者）がその輸入業者のひとりとしてかかわっている。個人レヴェルにおいては、いかに子供の頃から慣れ親しんだかなどの経験値がものをいうことは疑いない。しかし日本人の多くが「柔道」に対して抱くように、外国人がやっていることの正統性なんか認めたくないという思いが働くのであれば、明治以来の歴史なんてもちろん足りない。つまるところ、その発祥の地でないかぎり一生よそ者扱いされてしまうということなのだろう。

ならば自分の思い込みの中だけでも良い。このクラシック音楽への親密感をなんとかより深いところで裏付けできないものだろうか。それは必ずや「自信」にもつながると思った。

もうかれこれ二〇年以上も前の話であるが、「天正遣欧使節と音楽」をテーマにコンサート企画を立ち上げることになり、南蛮文化の研究に打ちこんだ。天正遣欧使節とは、一六世紀末、安土桃山時代の天正年間に、九州のキリシタン大名がローマ教皇に派遣した四人の少年を中心とした使節団のことである。彼らはセミナリヨで西洋音楽もかなりきちんと学んでおり、ヨーロッパでも豊富な音楽体験をする。そして帰国後、秀吉の前で御前演奏もおこなった。この「天正遣欧使節」との出会いに私はかなりの衝撃を受け、その後も相当にのめりこんでしまった。現在も大切なライフワークのひとつになっている[15]。

それではまず「ジャパニーズ・テンショー・ボーイズ！」。簡単にご紹介しておこう。

この一大イヴェントの仕掛け人は、イタリア人イエズス会の巡察師アレッサンドロ・ヴァリニャーノなる人物であった。彼はいくつかの目的のために、この遠大なる計画を企てた。一つは、

[15] 天正遣欧使節の来訪を伝える、当時のドイツの新聞の版画（1586）

日本の少年たちに実際のキリスト教世界の偉大さを見せ、その生き証人となってもらいたかったこと。また、マルコ・ポーロの『東方見聞録』で紹介されて以来、噂《うわさ》の「黄金の国ジパング」がどのような国なのか、なんと意外にも素晴らしい文明国であり、「将来キリスト教国になってくれそうだ!」（ヴァリニャーノはなかなかの親日家）ということをヨーロッパ人に知らしめたかったこと。そしておまけに援助金が欲しかった、などなどである。

使節として選ばれたのは、キリシタン大名である大友宗麟《そうりん》、有馬晴信、大村純忠《すみただ》の書状を携えた、彼らの血筋である伊東マンショと千々石《ちぢわ》ミゲル、副使として中浦ジュリアンと原マルチノ。いずれも数え年一三〜一四の、武士の子としての礼節や誇りを身につけた少年たちであった。加えてポルトガル人修道士ディエゴ・デ・メスキータ、活版印刷技術導入の命を受けたコンスタンティノ・ドラード（日本人）なども同行した。

当時の船旅は危険きわまりないものである。無事に着ける確率五分の二、つまり五隻中三隻《せき》は沈没するのだ。それに片道二年もかかる。そのため、母親たち、とりわけ寡婦《かふ》だった千々石ミゲルと中浦ジュリアンの母親は、涙ながらに息子を引き留めようとした。しかし、少年たちは、母を思いやりながらも武士道精神溢《あふ》れる決断をする。この物語最初の感動シーンである。

天正一〇年すなわち一五八二年二月二〇日、使節を乗せたナウ船は長崎を出帆《しゅっぱん》する。船は各地に停泊し季節風を待ちながら、インド、喜望峰を通る道のりを航海することになる。マカオなど長期にわたる停泊地での様々な宗教活動、異文化交流、音楽的な体験。肝心のヴァリニャーノと別れを告げなければならないハプニング。そして嵐や海賊など、困難きわまる航海の体験。この頃の航海経験者のほとんどが、そのあまりの過酷さゆえに、それを乗り越えた瞬間、「神」の存在を感じるのだ。

一五八四年八月一一日、出帆から二年半が経過し、一行はついにヨーロッパの玄関口リスボンに到着する。

ここでの大きな音楽的事件は、エボラの大司教を訪ねたことであろう。この地の教会で、伊東マンショと千々石ミゲルは見事パイプオルガンを弾きこなして大喝采を浴びたと伝えられる。天才伊東マンショあっぱれ！　思わずオリンピックで日本が金メダルを取った気分になる。マンショはかなり優れた鍵盤奏者だったようで、信長を感動させたこともある。その後、一行はスペインへ、いよいよヨーロッパで最も強大な権力の持ち主、スペイン国王、通称「南の悪魔」フェリペ二世と謁《えっ》見《けん》する。伊東マンショと千々石ミゲルは日本語でフェリペ二世に挨拶し、大名の書状を手渡した。こうして少年たちはこの旅で最も重要な使命のひとつを果たす。

続いてイタリアに入った使節は、フィレンツェやピサを治めていたトスカーナ大公フランチェスコの歓迎を受ける。生まれて初めて舞踏会にも参加し、踊らされるはめになった。なんと、絶世の美女、大公妃ビアンカがダンス・パートナーに伊東マンショを選んだ。原マルチノは「気骨《きぼね》の折れる戦闘」だったと後に語っている。最後に中浦ジュリアンが一緒に踊る女性を選んだが、緊張のあまりパッと目が合った老女を選んでしまい、場内大爆笑となった。

どこへ行っても大群衆が押し寄せ、使節団は熱狂的に歓迎される。そしてトランペットが高らかに鳴り響く中、少年たちはついに憧《あこが》れのローマ教皇と公式に謁見した。ところがそれからわずか三週間に満たず、教皇グレゴリオ一三世は崩御《ほうぎょ》された。彼の最後の言葉は「日本の少年たちはどうしているか」だったと伝えられている。

その後一行は北イタリアの各都市を訪れ、再びスペインを経由し祖国を目指した。

だが八年以上におよぶ長旅の間に、日本におけるキリスト教の状況は一変していた。キリスト教を保護していた織田信長はすでに亡くなっており、彼らの主君のキリシタン大名たちもこの世を去っていた。禁教に傾く秀吉の考えをなんとか改めてもらおうと、一縷《る》の望みを胸に、少年たちは秀吉謁見に臨《のぞ》み御前演奏をする。彼らはクラボ、アルパ、ラウデ、ラベキーニャを弾きながら歌った。その際、秀吉はヴィオラ・ダルコとレアレージョも演奏するようリクエストしたらしい。彼らの演奏に興味を示した秀吉は、「汝《なんじ》らが日本人であることを非常にうれしく思う」といった。

しかし徳川時代になると、ますますキリスト教の迫害は過酷になっていく。日本での布教を夢見て帰ってきた少年たちも、不遇な晩年を送ることとなった。中でも、中浦ジュリアンの最期は悲劇として語りつがれている。ジュリアンは、キリシタン弾圧にもめげず伝道を続けていたが、ついには捕らえられ仲間とともに穴吊りの刑を受ける。日本イエズス会の最高位にあり、遠藤周作の『沈黙』でも有名なフェレイラ神父でさえ棄教《ききょう》する中、ジュリアンは二日間耐えに耐えた末、神に召された。

彼らは日本の素晴らしさを初めて全ヨーロッパに知らしめるという偉業を果たすが、それは日本の代表としての彼らの覚悟、努力、勇気、叡智《えいち》、振る舞い、そして西洋音楽修得への想いがあってこそ成し遂《と》げられたことなのである。まさしく、私の崇拝すべき偉大な先輩たちは実在している。

彼らは未来に向かうリアルタイムのルネサンス音楽を体感したのである。
「早く大河ドラマに取り上げてほしい」
感動と波乱に満ちた物語である。

後にこのテーマでCDも制作した[16]。このときの自分はすごく感傷的になっていたこともあり、戦国時代に南蛮音楽にかかわったすべての日本人、そして我が日本の地で命を散らした外国人宣教師たちへの供養のつもりで作った。西洋音楽に携わった一六～一七世紀の偉大な先輩たちが、どのような状況でどのように異国の音楽に取り組んでいったのか。彼らの存在そのものが、今現在、日本人にもかかわらず、ヨーロッパ音楽を生業としている私自身の存在意義にも、助けの手を差しのべてくれているのだと感じた。しかもこの時代の音楽は、私の専門にするレパートリーにまさにビンゴ！なのである。彼らがルネサンス音楽を聴き、ルネサンス楽器に触れていたという史実は、特に私には感慨深いものがあった。私も「未来に向かうリアルタイムのルネサンス音楽を体感して生きていきたい！」と強く思った。

天正遣欧使節の少年たちは、日本のセミナリヨ、そして途中のマカオなどですでに西洋音楽の研鑽《けんさん》をかなり積んでいたのだから、ちょっとした音大留学生のような側面も感じられる。彼らが日本で、またヨーロッパで体験した音楽が

[16]
アントネッロ『天正遣欧使節の音楽』CDジャケット

どのようなものであったかの記録は残念ながらほとんど残されていないが、宮廷や劇場にも訪れた少年たちが接待で聴いたそれは宗教音楽ばかりではなさそうだ。

たとえば、トスカーナ大公の招きによりピサに赴《おもむ》いたときの舞踏会で千々石ミゲルが後に説明した「踊りのパートナーを次々に替えてゆく作法」は、ダンス教師ファブリツィオ・カローゾが著《あらわ》したダンス教本『イル・バッラリーノ＝Ballarino』の「花の踊り Ballo del fiore」の項で紹介されている。この本が出版されたのは一五八一年、伊東マンショをパートナーに選ぶ大公妃ビアンカに献呈された。だからパッサメッツォ『花の踊り』が演奏された可能性は高いし、そもそもこのとき演奏されたすべての舞踏音楽は宗教音楽ではない[17]。

当時、日本に入ってきた音楽も宗教音楽ばかりでなかったことは容易に想像できる。船乗り、商

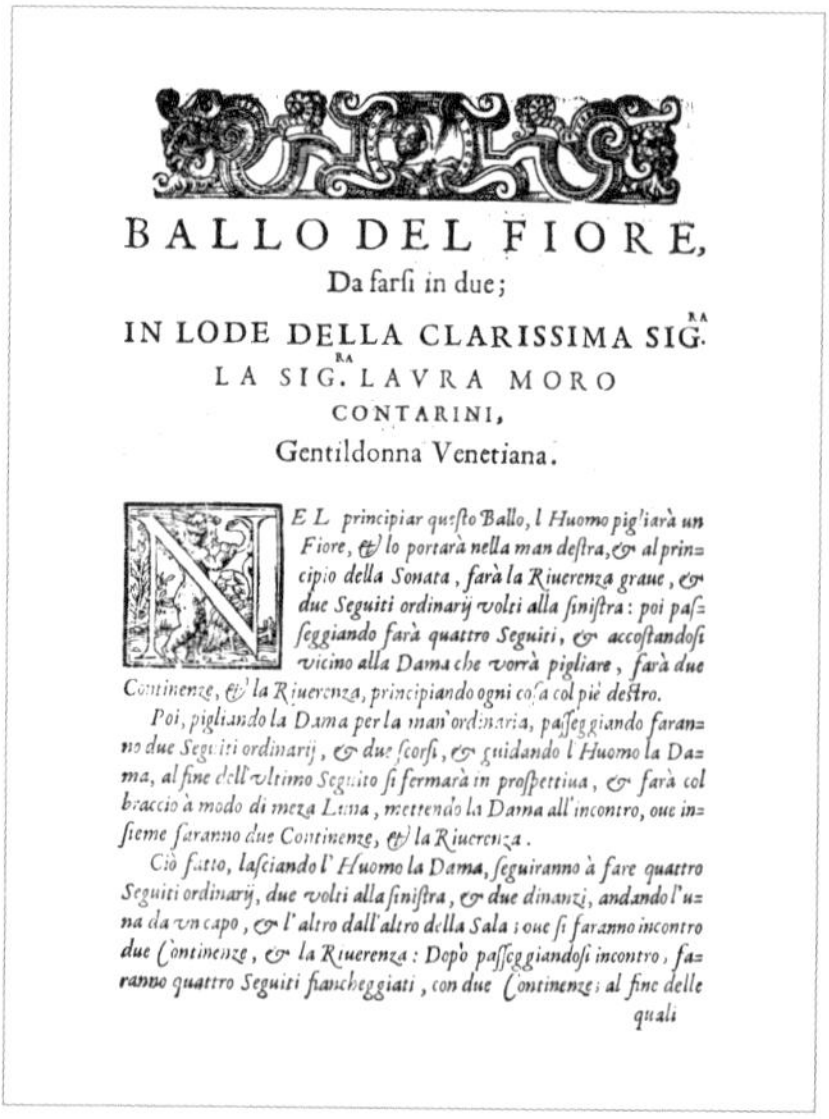

BALLO DEL FIORE,
Da farſi in due;
IN LODE DELLA CLARISSIMA SIG.RA
LA SIG.RA LAVRA MORO
CONTARINI,
Gentildonna Venetiana.

NEL principiar queſto Ballo, l Huomo pig'iarà un Fiore, & lo portarà nella man deſtra, & al principio della Sonata, farà la Riuerenza graue, & due Seguiti ordinarij volti alla ſiniſtra: poi paſſeggiando farà quattro Seguiti, & accoſtandoſi vicino alla Dama che vorrà pigliare, farà due Continenze, & la Riuerenza, principiando ogni coſa col piè deſtro.

Poi, pigliando la Dama per la man'ordinaria, paſſeggiando faranno due Seguiti ordinarij, & due ſcorſi, & guidando l'Huomo la Dama, al fine dell'vltimo Seguito ſi fermarà in proſpettiua, & farà col braccio à modo di meza Luna, mettendo la Dama all'incontro, oue inſieme faranno due Continenze, & la Riuerenza.

Ciò fatto, laſciando l'Huomo la Dama, ſeguiranno à fare quattro Seguiti ordinarij, due volti alla ſiniſtra, & due dinanzi, andando l'una da vn capo, & l'altro dall'altro della Sala; oue ſi faranno incontro due Continenze, & la Riuerenza: Dopò paſſeggiandoſi incontro, faranno quattro Seguiti fiancheggiati, con due Continenze; al fine delle
quali

[17]
ファブリツィオ・カローゾ
『イル・バッラリーノ』より「花の踊り」

人たちが貿易のついでに持ちこんだ音楽、連れてきたミュージシャンたちが日本のお偉いさんに聴かせた音楽、そして南蛮の人々が郷愁にかられ、ついつい口ずさんでしまうような音楽は、その人物がたとえ宣教師の身分であったとしても、それは俗謡の類《たぐい》だったのではないかと思われる。それにこの時代は、宗教音楽として典礼の場で演奏される曲の中にも、信者が親しみを持つように流行歌や民謡のメロディを主題に使ったりすることも多かったのだ。

セミナリヨでおこなわれていた西洋音楽教育は、その才ありと認められた子供に対しては、ただ音楽作品をなぞるだけにあらず、「即興対位法」をも含んでいたであろう。楽譜やオルガン・タブ譜を読みこなしながらの勉強と同時に、インプロヴィゼーション（即興）の視点から音楽を学ぶこともなされていたのではないか、むしろそちらが主流だったのではないかと思う。天正遣欧使節たちが体験した音楽に「誰それの作曲した○○という曲です」という記述が残らなかったのも、演奏した音楽、聴いた音楽の中に占める即興演奏の割合の高さがその大きな要因だと思われる。

そんなことを模索しているうちに、ルネサンス・スペイン、ポルトガルの歌は「日本のわらべ唄や民謡に似ているなぁ」ということに気が付いた。言葉や料理などにはポルトガルやオランダ起源のものがたくさん残っているのに、なぜ音楽には影響を与えなかったのか。そのような記録が残っていないだけで、もしかして音楽にも痕跡《こんせき》を残しているのではないか。

我々の祖先も我々同様、外国のものをありがたがってはすぐに吸収してしまうといった気質を持っていたはずである。いくら「音楽はキリスト教とともに入って来たのだから、禁教になってすべて抹殺されたのだ」といわれても、前述のように宗教音楽だけが輸入されたのではないと思うし、「オラショ」のようにいちばん抹殺しなくてはならなかったグレゴリオ聖歌の見事な「抹殺とりこぼし」だってある。目に見えない「音楽」のこと、もしかして我々が日本古来の音楽だと思い込んでいるものの中に、実は南蛮渡来のイケイケのスタイルが混在しているのではないだろうか？ そうだと仮定すれば、我が国の西洋音楽の歴史は明治時代よりかなり遡ることができる。しかも日本の旋律だと思いこんでいるというところが、より血肉になっている感じがするではないか。

昔、感動しながら見た中井貴一主演の映画『ビルマの竪琴《たてごと》』。日本兵たちが『埴生《はにゅう》の宿』を歌うと、思わずイギリスの兵士たちも一緒に歌ってしまうという、大筋とはあまり関係ないシーンに、自分はいちばん感動してしまった。この物語はフィクションだとは思うが、さしずめこのときの日本兵は、「えーっ！ これ日本の歌じゃなかったの？」と驚いたことだろう[18]。

[18]
映画『ビルマの竪琴』DVDジャケット
（1985、日本）

ルネサンス・スペイン・ポルトガルの歌が日本の歌となり、そのメロディの残骸が残されていたとすれば、現代の我々はきっと、それが日本古来の旋律型と信じきっているはずである。

シルクロードを中心に世界地図を眺めれば、日本とイベリア半島はちょうど端と端とに位置する。もし仮に、そもそもの音楽的ルーツを同じとすれば、両者はシルクロードを挟《はさ》んで離ればなれに住んでいた兄弟のようなもの、それが一六世紀に出会った。船という文明の力を利用して。南蛮から来た音楽は一五世紀以降北方からの影響を受けてはいるものの、北方とは違うシルクロードつながりの音楽的センスを、当時の日本人は「受け入れられるもの」として感じたと思う。一六世紀のスペイン、ポルトガルは日本と逆回りで南米も発見し征服した。南米の今に残るフォルクローレは私にいわせれば、ルネサンス音楽の直系の子孫だ。そのおじいちゃんの面影を色濃く残すラテン歌謡が、昭和の時代に日本に上陸しムード歌謡になった。一昔前の歌謡曲はアメリカン・ポップスだけではなく、カンツォーネやシャンソン、ラテン歌謡もお手本だったし、ラテン色が強かったと思う。ポルトガルを訪れた際、ポルトガルのミュージシャンに伍代夏子のかなり演歌色強めの曲を聴かせたところ、「日本語で歌ったイタリアン・ポップスだろ！」といっていた。我々が「これぞ日本の心だ！」と思っている曲のいくつかは、完全にラテン歌謡のスタイルなのである。「○○タンゴ」や「○○サンバ」が定期的に流行《はや》るのも、時代劇にフラメンコやキューバの音楽が妙にマッチするのも、何か理由はないだろうか？　妄想は膨らむ。

さらに、ポルトガルやスペインのガリシア地方などはケルト音楽の文化も持っている。ポルトガル植民地時代に伝わったマレーシアの伝統音楽なども非常にケルト風であるし、もしポルトガル伝来でこのようなタイプの音楽が日本人の血の中にも入りこんでいたとすれば、明治時代に輸入され文部省唱歌『蛍の光』『仰《あお》げば尊し』などのもととなったスコットランド民謡などケルトっぽい音楽が、抵抗なく日本に浸透したことの理由にならないだろうか。

西洋音楽の歴史は劇的に変化したため、ルネサンス音楽の演奏スタイルを失ってしまっている可能性もある。「古楽様式」と称しながら、大きな意味で、我々はブラームスを演奏するのとなんら変わらない方法でルネサンス音楽を演奏していないだろうか？この妄想は、将来的に日本の音楽や南米の音楽の中にこそ、真のルネサンス音楽のスピリットが見出せるのではないかという夢に繋がる。

天正遣欧使節からは一世代下るが、ペトロ岐部《きべ》なる人物の特集を組んでコンサートをおこなったこともある[19]。彼は砂漠を歩いてイェルサレムに巡礼、ローマまで行き司祭の資格を取得後、意

[19]
ペトロ岐部

を決して壮絶な弾圧下の日本に帰国、やはり殉教《じゅんきょう》した。この男は前述の棄教したフェレイラ（日本名・沢野忠庵《ちゅうあん》）に向かって、カトリックに戻って一緒に処刑されるように説教している。

自分の死にも勝る意志、愛、彼らはこのような勇気をもって、異国の宗教、異国の音楽に取り組んだ。いつの時代も日本人は、武士道精神と開拓者精神が結びついたようなかたちで異文化吸収を成し遂げてしまうように思う。

私も、西洋発のクラシック音楽との間に距離間は感じないと述べたものの、欧米人のレヴェルに追い付き追い越せという強迫観念に襲われることが常である。

ただ、結果を求めるあまり表面だけをなぞることはどうしても避けたい。やはり音楽は自分の真実を語らなければならないわけだし、願わくば、言葉や理屈、さらには五感で認識する前に、イメージの段階でなんとか表現したい。しかるに、最初から自分とは異なるものを良きものと認め、その美を追求、吸収しようとするのではなく、とことん自分との違いにストレスを感じながら、なんとかそこに共通項を見出して「実は一つなんだ」と実感すること。それができれば、すべての違いはひとつの事柄のヴァラエティであり、自分もその中のひとつの個性として堂々とはじけることができる、と思うのだ。

それではここで、思いっきり横道にそれて、南蛮起源で日本と関係あるもの、その中から私の好きなものを思い付くままご紹介したい。ほとんどが妄想、願望なので【閲覧注意】である。

[20]
『婦女弾琴図』
（信□筆、大和文華館）

まずは音楽関連から。

楽器に関しては、南蛮絵図などに日本に持ちこまれた西洋ルネサンス楽器が見事に描かれている。右の絵は安土桃山から江戸時代にかけて活躍した洋画家が描いたといわれる『婦女弾琴図』。ビウエラが見事に描かれている[20]。松山ケンイチ主演の映画『カムイ外伝』でも、土屋アンナがビウエラを弾いていた。

そして、いったん本を閉じていただくと、カバーにはビウエラに加えて私の演奏するコルネット、そしてアルパの美しい絵がご覧いただける。また、次ページにはそれを拡大して載せている[21]。

（[20]と[21]のビエウラを弾く女性の姿に注目！　ほとんどうり二つ）

[21]
『西洋風俗図』(部分、作者不詳、歸空庵コレクション)
左から、ビエウラ、コルネタ(コルネット)、アルパまた、下の写真は私の所有しているケーナと一節切《ひとよぎり》。この二つ、全く血縁関係はないはずであるが、よく似ている。ケーナは南米の楽器、昔は写真のように五孔でペンタトニック調律だった。一節切はあの一休さんをはじめ、信玄、信長、そして家康も吹いていたといわれる、いわば戦国時代を象徴する尺八の前身である。尺八はこの当時、短かったのだ[22]。

ダンス関係でも話題を。

フロイスによれば、当時の日本人が、南蛮人の踊るフーリア（フォリアス）を見て、「パンディーロ（タンバリン）に合わせてぴょんと跳ねたりして、とても奇妙で狂気じみて野蛮である」と感想を述べたそうである。スペイン・ポルトガルの踊りは確実に日本に入って来ていたのだ。それが日本の踊りに影響を与えたということはないだろうか？

スペインを旅行したときに見た踊りは「もしや!?」と思わせるものがあった。マドリードでとある広場を横切っていたときのことである。どこぞの田舎から出てきた村の舞踏団が広場の特設舞台で踊っていた。その舞踏、そして歌の雰囲気が、私からみるととても阿波《あわ》踊りに似ていたのだ。このときは彼らがスペインのどこの田舎から来ていたのかわからなかったが、今にして思うとおそらくガリシア地方からに違いない。「ガリェゴ Gallego」とか「ムニェイラ Muñeira」といった民族舞踊

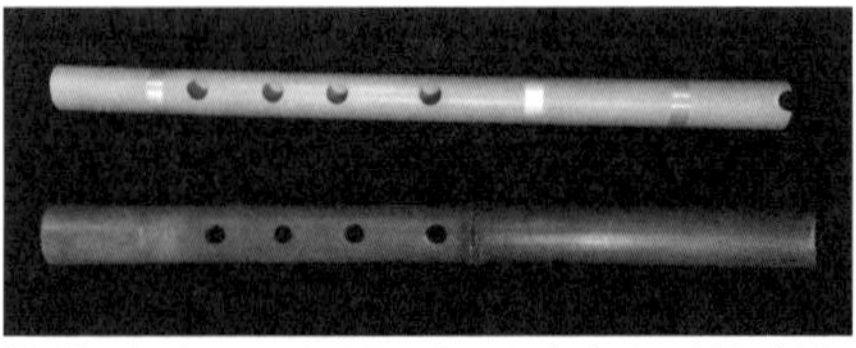

[22] ペンタトニック調律のケーナ（下）と一節切（上）（著者蔵）

を踊っていたのだと思う。

阿波踊りのルーツが天草《あまくさ》の「牛深《うしぶか》ハイヤ節」という説は有力だ。阿波徳島と天草の牛深港は藍《あい》染業の関係で交流があった。そして、平戸の「田助ハイヤ節」、鹿児島の「ハンヤ節」、奄美《あまみ》の「六調」、沖縄の「カチャーシー」なども「牛深ハイヤ節」と類似した舞踏である。沖縄というと全く別系統の由来という印象も受けるが、沖縄にも南蛮文化は来ていたし、直接でなくとも、その後の東南アジア起源だとすれば、フィリピン（フィリピンの国名はフェリペ二世に由来）、マレーシアなどにはスペイン・ポルトガルの影響を受けた舞踏が残っているので、ルーツは同じということにならないだろうか。さらに、これらの踊りは阿波踊りだけでなく、新潟「佐渡おけさ」など、日本全国のハイヤ系、おけさ系民謡のルーツでもある。

ケルトっぽい八分の六拍子のノリの曲もある。手の動きも、「ナンバ」の動きっぽい身体の使い方も阿波踊りと似ている。というわけで、以下はあくまでも憶測としてお聞きいただきたい。「徳島城の完成お披露目パーティーで、キリシタン大名の蜂須賀家政が踊りをリクエストしました。そこにいた人々は今流行りの天草から来た南蛮風のカッチョイイ踊りを踊りました。大名のお墨付きもあってその踊りは絶大なる市民権を得ました」というのが私の超個人的な阿波踊り起源説である。まあ、ここで音楽家として重要なのは、阿波踊りの「ジグ」のようなリズムが外来のものかどうかなのだが。

ナンバの動きで思い出したが、社交ダンスのラテンをはじめ、西洋の踊りにはナンバのダイナミックな動きが多い。その左右の手足が一緒に出てしまう動きを日本舞踊では「ナンバン」といって揶揄《やゆ》する。ナンバの語源はやはり「南蛮」なのではないのだろうか。

次に、ポルトガル語由来の日本語。

初めて知ったときには「えーっ！　日本語かと思ってた」的な言葉を集めた。

最初は有名なところから、

天ぷら　＝temperar
金平糖　＝confeito
かぼちゃ　＝camboja
（おいちょかぶの）おいちょ　＝oito
おんぶ　＝ombro
ピンキリ　＝pinta, cruz
シャボン　＝sabão
ジョウロ　＝jorro
襦袢《じゅばん》　＝gibão
合羽《かっぱ》＝capa
ビー玉　＝vidro ＋玉

以下は、筆者および筆者の音楽仲間が発見したもので大好きな仮説。

馬鹿　＝vaca（バカ。スペイン／ポルトガル語で牝《め》牛の意）

トロい　＝torro（トーロ。スペイン／ポルトガル語で牡《お》牛の意）

阿呆　＝ajo（アホ。スペイン語でニンニクの意）

「バカのアホ炒《いた》め」（牛肉のニンニク炒め）というスペイン語のジョークは有名だが、スペインでは愚か者のことを牛野郎ということもあるらしいし、「バカ」と「トロい」はスペイン、ポルトガル語源の確率が高いと思うのだが……。

ございます　＝gozei mais（ゴゼイマイシュ。ポルトガル語で「私はより楽しみました」の意。現在では南米にしかない言い方）

えーと　＝então（エントゥン。ポルトガル語で日本語と同じく、言いよどんだときの「えーと」の意）

「御◯◯」のような丁寧《ていねい》語　＝o（オ。ポルトガル語の定冠詞男性型単数）

御馳走　＝Gostoso（ゴストーゾ。ポルトガル語で美味しいの意味）

そしてオランダ語源の言葉。好きな物だけ少々。

ポン酢 ＝ pons（柑橘《かんきつ》系の果汁）
お転婆 ＝ ontembaar（飼い慣らせないの意）
やんちゃ ＝ Jantje（ヤンちゃん。「ヤン」は男の子の代表的な名前。オランダの子は男の子も女の子も自己主張がすごかったのか？）

ちなみに Jantje の -tje は「チェ」と読むが、日本語の◯◯ちゃんのちゃんと同じような意味であり、これは「ちゃん」の語源ではないだろうか。「ミッフィー」も、オランダでは「Nijuntje」（うさぎちゃんの意）。

次に、お料理関係での体験。

大分で「黄飯」をごちそうになったときは衝撃的だった。「これはまさしく和風パエリアではないか！」サフランの代わりにクチナシで黄色に着色している。なんとか日本でもパエリアを作ってやろうという日本人の意気ごみを感じた。

逆に日本から輸出された食文化もあるといわれている。ポルトガルの漁港ナザレの砂浜には、イワシの丸干しやアジの開きの天日干しが並んでいて、おまけに路上でポルトガル風七輪で炭火焼きする光景は、なんとも昭和初期の風情である。

言葉が入ってきているのだから、文学も入ってきている。

日本初の西洋文学の刊行物『ESOPONO FABVLAS（エソポのハブラス）』は、なんと我々にも馴染《なじ》みの深い「イソップ物語」である[23]。

一五九三年に天草で印刷された書物のひとつで、天正遣欧使節団が帰国とともに日本に持ちこんだグーテンベルク活版印刷機で刷られている。印刷機は大神学校コレジヨに設置され、約二〇年間で五〇種近くの「キリシタン版」と呼ばれる書物を印刷した。禁教令によってこれらの書物のほとんどが破棄されたが、『エソポのハブラス』は大英博物館に一冊だけ残った。

『エソポのハブラス』は和訳された「イソップ物語」をローマ字で書いたもので、『FEIQE MONOGATARI（平家物語）』や『QINCVXV（金句集）』とともに、宣教師が日本語を勉強するための教材として刷られた。おそらく布教活動の折々に、日本人にも読んで聞かせていたに違いない。話

[23]
天草本『エソポのハブラス』表紙

し言葉のような文体で書かれているので、当時の日本の口語表現の資料としても重要なものである。

おなじみの「アリとキリギリス」は、実はこの当時「アリとセミ」だった。「イソップ物語」は南蛮文化として日本に入ってきたが、その成り立ちは実は古代ギリシャに遡る。長い年月をかけて伝承変化しており、もしかしたら日本に入りこんで変化した物語もあるかもしれない。たとえば、毛利元就《もとなり》の「三本の矢」の話や、肥後・八代の伝承民話「彦一とんち話」は「イソップ物語」の影響が見える。


我がグループ《アントネッロ》が『エソポのハブラス』をテーマにした演奏会を企画したときは、物語の語り手として、八代《やつしろ》に伝わる妖怪「河童」に登場してもらった。この「河童」、実は外国人宣教師のことではないかという俗伝がある。各地にある河童伝説によれば、「河童（カッパ）」という名称で呼ばれるようになったのはどうやら江戸時代から。宣教師が着ていた合羽のようなマントのことを前述のようにポルトガル語でCapa（カーパ）というが、南蛮人の異形の顔に頭頂部を剃ったトンスラという髪型、いわゆるザビエル禿《はげ》（イエズス会のザビエルは本当は禿げていなかったらしい）の彼らが、何も知らない子供たちに妖怪と間違われ、「河童＝Capa」という呼び名になっていった。禁教令が敷かれた後の宣教師たちは川や山など人目につかないところへ隠れ住んでいたらしく、ルイス・フロイスもその著書『日本史』の中で宣教師が妖怪視されたことを嘆いている。

宣教師が多くいた九州地方に河童伝承は多く残っているし、八代に残る加藤清正の河童退治伝説は、キリスト教を毛嫌いしていた清正が宣教師狩りをした話、ともいわれている。「お気に入りの小姓が河童に川に引きずりこまれて死んだから」という話には、「お気に入りの小姓が宣教師に川で頭に水をかけてもらって洗礼を受け、キリシタンになったから」という俗説があるらしい。

我々が日本の伝統だと思っているものが「実は Made in Japan じゃないかも」という、もしかしての話を手探りで集めてみた。実の親子とまではいかないまでも、兄弟、いや従兄弟くらいに思えたら、西洋音楽にもグッと親近感が湧いてくるのではないだろうか。

ラブ♡モンテヴェルディ～第三の技法

かなり前の話です（高校生の頃）。
なんとか忍びこんでイタリアの18禁ポルノ映画を見ていた。始まりの場面で中年夫婦が車に乗っており、カーステレオからあろうことか！　モンテヴェルディの『聖母マリアの夕べの祈り Vespro della Beata Vergin』の冒頭が流れてきた。

妻「この曲、なあに？」
夫「モンテヴェルディだよ」
妻「ヴェルディ？」
夫「モンテ！　ヴェルディだよ。お前、モンテヴェルディも知らないのか？」

という会話が交わされていた。
中学生の頃からすでにクラウディオ・モンテヴェルディに酔心していた私は、このシーンを見て「オォーッ！」とオタクっぽく感動した。確かに自分の周りでも、「ヴェルディなら知っているけどモンテヴェルディは知らない」という言葉はよく耳にする。モンテヴェルディといえば、我々のジャンルではスーパースターなのに……。

特に、私にとっての古楽体験は、モンテヴェルディをリスペクトするところから始まったといっても過言ではない。それこそ中学生のときにミシェル・コルボやハンス＝マルティン・シュナイト指揮の『聖母マリアの夕べの祈り』やデラー・コンソートの『四声のミサ曲 Missa a quattro voci da cappella』を聴きまくったものだ。『聖母マリアの夕べの祈り』については私の親父が、「ムチャクチャいい曲だぞ！　昔マタチッチ指揮のN響で聴いたけど」といっていて、そのせいか家に往年のヴァルター・ゲルヴィッヒ版のスコアがあった。その後、私もこの曲にハマってしまい、学校の友達にも推薦すべく、先生に頼んで中学校の講堂で鑑賞会を開いてもらったりした。『四声のミサ曲』は高校受験勉強用のBGMだった。

ところで、ジュゼッペ・ヴェルディのモンテヴェルディへの評価はかない低い。「古い作曲家で素晴らしいと思う人を六人挙げてください」というインタビューに対して、「素晴らしい作曲家はたくさんいて六人を超えてしまうが、モンテヴェルディは正しい作曲の仕方をわかっていないので除くべきだ」といっている。うーん、ヴェルディ先生こそわかってないなー。

それに引き換え、映画音楽御用達の『カルミナ・ブラーナ』の作曲者カール・オルフはモンテヴェルディを大絶賛している。ちなみに、オルフはモンテヴェルディの『オルフェオ L'Orfeo』を現代オーケストラ用にアレンジしており、私がこのオペラを上演した際には、こちらは古楽様式での演奏でありながら、あまりにも素晴らしくドラマティックなオルフのアレンジを大いに参考にさせてもらった。

『オルフェオ』のアレンジといえば、オットリーノ・レスピーギもチャレンジしており、こちらも神業的に素晴らしい。オルフも古楽好きだったらしいが、レスピーギも有名な『リュートのための古風な舞曲とアリア』など、バロック以前の様式を自身の作品に取り入れたりする古楽好きな作曲家だった。どうやらこれは奥様の影響らしく、レスピーギの奥様は元祖「古楽オタク」だったのだ！

というわけで、私はかなりのモンテヴェルディ・フリークである。


モンテヴェルディは常に先進的でインパクトのある音楽を追い求めていくタイプの音楽家であった。ときには自己のスタイルをも過去のものとして蹴《け》散らしていくところは、私のもうひとりのアイドル、マイルス・デイヴィスのようだ。

モンテヴェルディは『オルフェオ』においても、まだ産声《うぶごえ》をあげたばかりの「オペラ」というジャンルに早くも一石を投じてしまったし、数年後に書かれた『聖母マリアの夕べの祈り』には、東欧の民族音楽からコーランまで、当時の考え得るかぎりの音楽的アイディアが盛りこまれている。グレゴリオ聖歌を素材にこんなにもおもしろおかしく、ハデハデな音楽を書く人が後にも先にもいただろうか。


さて、モンテヴェルディをはじめとして、一七世紀初頭の音楽家たちがおこなった大改革のひとつに、「言葉=歌詞」の対位法からの解放が挙げられる。対位法はそもそも聖歌に声部を足していくことで始まったが、聖歌はそれこそ祈りの言葉がそのままメロディになったような音楽なわけだから、対旋律を付けようという行為自体、初期の発展段階からすでに「言葉尊重」とは逆の方向へヨチヨチ歩きを始めていたのかもしれない。そしてついにこの時代、対位法は歌詞から地位奪還攻撃を受け、窮地《きゅうち》に追いこまれるのである。

そんな対位法の終焉《しゅうえん》の時代、モンテヴェルディはジョヴァンニ・マリア・アルトゥージという作曲家兼理論家からあらぬイチャモンをつけられ、大論争に巻きこまれた。まあ、モンテヴェルディのような革新的な音楽家は、どうしても叩かれる傾向にあるのだろう[24]。

アルトゥージがモンテヴェルディの書いたマドリガーレに対し、対位法的な間違い（不協和音、旋法、メロディック・トリトヌスなどの扱いに関して）を手厳しく批判したその本のお題は、『アルトゥージ、あるいは現代音楽の不完全性 L'Artusi, ovvero Delle imperfettioni della moderna musica』[25]。

[24]
ジョヴァンニ・マリア・アルトゥージ

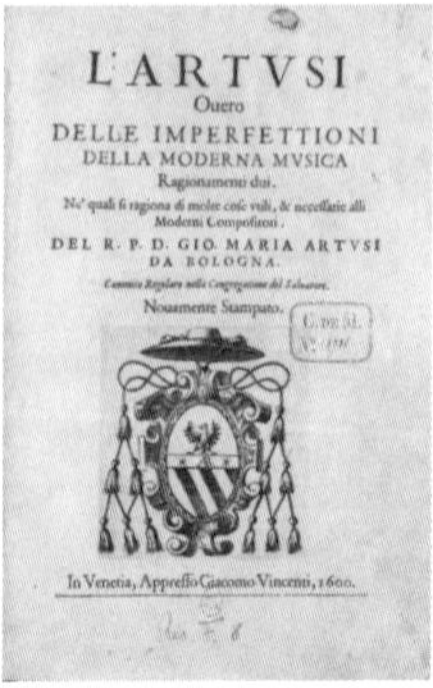

[25]『アルトゥージ、あるいは現代音楽の不完全性』表紙（1600）

マイルスのようなジャズメンは批評家から酷評をくらうとかえって喜んじゃう、といった話を聞いたことがあるが、モンテヴェルディは違った。メチャメチャ怒った。私もこの話を知ったとき、「俺のヒーローに何すんじゃい！」と怒りがこみ上げたが、その反面「あのモンテヴェルディでさえ叩かれた……」という事実は、自分が批判にさらされたときには慰《なぐさ》めとなってくれる。

さて、このアルトゥージという男、相当嫌味な奴である。本の書き方が対話形式になっており、作曲家先生の「ヴァリオ Vario」なる架空の人物がモンテヴェルディの作風を批判し、これまた架空の人物で作曲オタクのアマチュア「ルカ Luca」がモンテヴェルディを弁護しながら正統性を訴える。私の臆測では、作曲家先生はアルトゥージ自身、ルカ君はモンテヴェルディである。おそらく、ヴァリオという名はアルトゥージのファーストネーム「Giovanni Maria」のアクセントの部分から作られた男性の名前で、ルカはモンテヴェルディのファーストネーム「Claudio」のアナグラム的な名前ではないだろうか。そうだとすると、モンテヴェルディがアマチュア扱いされているではないか。

その出版後も、アルトゥージは「アカデミアのボンクラ野郎 L'Ottuso Academico」という者から手紙をもらったとかで、それに返事を書いているのだが、うーん、怪しい、私の意見ではこれも「自作自演」だ。このアルトゥージ、やり口が「2ちゃんねる」に書きこみするクレーマーそっくりだ。

さて、これらを読んでおそらく夜も眠れなかったであろうモンテヴェルディは、自身の『マドリ

ガーレ集　第五巻』の序文でやり返した。

「えーと、私は多忙で時間がなく、アルトゥージ氏の中傷にいちいち答えている暇《ひま》がないのです。そこで、現代における『第二の技法』とでも呼ぶべき新しい対位法がいかに正しいのかを本にして発表しましょう。お題は『第二の技法、あるいは現代音楽の完全性』となります」

不完全性じゃなくて完全性じゃー！　と意気ごんだものの、一年、二年……と時は経ち、「ああ、文章を書くのは苦手だなあ……」（音楽家によくありがちな）ということで、この論文はついぞ陽の目を見なかった。しかし、続く出版楽譜『音楽の諧謔《かいぎゃく》 Scherzi Musicali』では、「一応、序文に何か書いといてくんない?」と、かわいい弟でやはり音楽家のジューリオ・チェーザレに執筆をおしつけた。その中にかの有名な「言葉はアルモニアの主人であって召使いではない」という一文がある。

アルトゥージはモンテヴェルディのマドリガーレを批判するにあたって、そこに「歌詞」を記載していなかった。「こいつ、マドリガーレについて言及しておきながら、歌詞を無視してやがるぞ、そこを突いてやれ！」ジューリオ・チェーザレのキャッチフレーズからは、モンテヴェルディ兄弟の逆襲計画がちょっと垣間見える。「歌詞が大切だ」などということは当時もう常識的なことであったから、これでアルトゥージをバカ扱いできるし、それに純音楽的なことはアマチュアのルカ君によってすべての弁明が終了してしまっている……。

さて、ルカ君のコメント、すなわちモンテヴェルディのアイディアは素晴らしいものである。たとえば後付けのアッチェントによる音符や掛留音《けいりゅうおん》など、作品に即興対位法のエッセンスが見事に組みこまれているのだ。アルトゥージとしては「モンテヴェルディよ、お前がなぜこのように書いたかわかってるぞ」とあらかじめ逃げ道を塞《ふさ》ぎたかったのだろうが、ここまでわかっていて、なぜ肝心の「良さ」が認められないのか、アルトゥージのセンスが全く信じられない。よっぽど厳格対位法に凝り固まった堅物に違いないが、いつの時代にもこういう奴はいるんだなと思う。

さて、「言葉はアルモニアの主人であって召使いではない」というキャッチフレーズは、「言葉は『音楽』の主人であって……」と訳されるのでよく誤解される。モンテヴェルディの曲を演奏するときは、歌詞を優先すべきであり、「歌い上げる」より「語るように」演奏すべきだ、などといった演奏表現上のことにまで転化されてしまうのだ。

しかし、ここで重要視されているのは言葉の「韻律《いんりつ》」ではない。「意味合い」である。

モンテヴェルディでなくとも誰もがやりそうな、ごく簡単な例を挙げてみよう。

前述の『四声部のミサ曲』の「クレド」で、「天から降りて来られるDescendit de caelis」の「降りる」というテキストの意味にメロディも対応し下降しているところ[26]。

［26］　モンテヴェルディ『4声部のミサ』「クレド」

アルトゥージとの論争で話題になったのは、以下の九カ所である。

血祭りに上がっているマドリガーレは、ほとんどが「つれないアマリッリ Cruda Amarilli」（『マドリガーレ集　第五巻』）の部分と、「愛するお方、許してください Anima mia perdona」とそれに続く第二部「あなたは私の心の人ですから Che se tu se'il cor mio」（『マドリガーレ集　第四巻』）のそれぞれ最後の箇所である[27]。

モンテヴェルディは歌詞の意味にインパクトをもたせる意図から、タブーを冒《おか》すことまでやらかしているわけで、歌詞のために音楽を引かせるような真似はいっさいしていない。むしろその逆である。「歌詞を尊重する」という大義名分を掲げながら音楽を過激に発展させたのである。

モンテヴェルディが怒りすぎて思わず名付けた「第二の技法」は、厳格対位法に対する新しい対位法の提案だったが、「言葉の対位法からの解放」にはもうひとつの、さらにとても重要な流れがある。それは対位法それ自体に敵対する、全く新しい異なった形式の提案であった。このことは主にオペラという新しいジャンルの誕生に伴って起こることになる。

ルネサンス時代のイタリアは、アンチ・クリスト思想から来る、ギリシャ崇拝の旋風が吹き荒れていた。そして、この風潮は特にフィレンツェではメディチ家を中心に一七世紀初期バロック時代にも引き継がれていく。フィレンツェにいたギリシャかぶれの面々により、ギリシャ劇への憧れ、復興の試み、といったきっかけから誕生したのが「オペラ」である。

このオペラにおいて、特に彼らが実現を試みた理想のひとつに、役者の歌う歌が「語りのようであること」が挙げられる。そしてそこでは「レチタール・カンタンド Recitar Cantando」という新しい形式が登場し、一世を風靡《ふうび》することになる。オペラ創世記の作品では、終始、このレチター

Ragionamento

piaceuoli, nè possono essere altrimenti; perche mentre che, si trasgrediscono le buone Regole, parte fondate nella esperienza Madre di tutte le cose: parte speculate dalla Natura; & parte dalla demostratione demostrate: bisogna credere che siano cose deformi dalla natura, & proprietà dell'Harmonia propria, & lontane dal fine del Musico, che come heri V. S. disse, è la dilettatione; ma acciochè vediate il tutto, & me ne diciate il parer vostro, eccovi li Passaggi che sparsamente, sono sparsi per entro alli sudetti Madrigali; li quali distesi per mio diporto hiersera sopra questa carta.

Vario. Signor Luca voi mi apportate cose nuoue, che mi dano non poca meraviglia; & mi piace à giorni miei, vedere nuouo modo di comporre; ma molto piu mi piacerebbe s'io vedessi che questi Passaggi fossero fondati sopra di qualche ragione che acquetare potesse, lo intelletto; ma per Castelli in Aria, chimere fondate sopra l'Arena non mi piacciono, sono degne di biasimo queste nouità, non di lode. Ma vediamo li passaggi.

[27]
『アルトゥージ、あるいは現代音楽の不完全性』の中の、モンテヴェルディのマドリガーレを批判しているページ。アルトゥージはこのとき、作曲者名も歌詞も記載しなかった。

ル・カンタンドによって劇が進行するのだ。レチタール・カンタンドは一聴すると、今日の「レチタティーヴォ」や「セッコ」に近いと感じられるだろう。実際、当時も「レチタティーヴォ様式Stille Recitativo」とも呼ばれてもいた。（他にも「ラップレゼンタティーヴォ様式Stille Rappresentativo」「モノディ様式Monodia」などという名称もある）しかし、私としては、レチタール・カンタンドは、一八世紀以降のレチタティーヴォに比べ、より「歌」が感じられるという点で区別したいという気持があって、あえて「レチタール・カンタンド」という名称を使わせていただきたい。

「言葉」はここではもう音楽家にとっては単にもう一つの刺激、或いは一つの拍車にすぎなくなりました。（中略）「言葉」の方が目にうつる現実というこの大地に縛りつけられているとき、音楽は何という素晴らしい自由な翼をかちえたことでしょう。

——ヴィルヘルム・フルトヴェングラー『音と言葉』（芳賀檀訳、新潮社）

「絶対音楽」全盛期に身を置いていた偉大なる指揮者フルトヴェングラーは、このように大手を振って「音楽は言葉よりすごい！」と言い放っているが、古い音楽はきわめて声楽との結びつきが強く、とてもこんなふうにいえる状況ではない。

そもそも、言葉の抑揚が旋律の生みの親であることは認めざるを得ないのだ。私にとっては自分が歌手ではなく器楽奏者であるからこの件はちょっと悔しい。

言葉には様々な「強さ・長さ・高さ」があり、それらの抑揚を誇張することにより生まれたメロディは、やはり同じような性格を持っている。メロディ君が母なる言葉に向かって「僕、ママとは違うもん！」と言えるところは、顕著な「音高」があるということであろう。

声楽を学ぶ生徒さんが、ただ音を羅列しただけのような無機質な歌を歌っていたとしよう。そこへ先生の、歌声より大きな怒号、「もっと歌って！」。歌っている人に対して「もっと歌って」というのはまさに「もっと歌心を」ということである。歌手の立場からすれば、この棒読みのような演奏を打破するには、「歌詞」の意味を考えつつ言葉の抑揚を心をこめて歌うことになるのであろうが、しかし歌は「朗読」とは異なるというところに目を向ければ、言葉にはないメロディならではの特質、「音の明確な高低」にどのようにアプローチするのか、すなわち、音と音の高低の関係に対するセンシティヴな意識と、そこをダイナミックに動くエネルギー感に心血を注ぐことが、旋律における歌心の本来の姿を探ることになるのではないか。それは言葉の「韻律」に比べれば、より女神テレプシコラの領域、「舞踏」的な空間の動きのイメージも加わるだろう。

「春の〜うら〜ら〜の〜」と歌ったときのように、「朗々と」歌われる歌に比べれば、「語り」の表現は「アクセント＝強さ」を伴い、短いスパンでエネルギーが凝縮されるので、「歌う」ことよりも劇的であるといえるだろう。さらに、「語り」というより「セリフ」をオーヴァーに喋ったりするイメージであれば、よりアジタートな表現のとき、言葉のアクセントに加え、「長さ・高さ」が若干付加されるので、旋律の持つエネルギー感にも近くなる。しかし、旋律の持つ真のエネルギー動律の威力はこんなものではない。圧力、スピード感、方向性、歌詞の意味以外の幾多のイメージなどが備わった、計り知れないインパクトを生み出すことができるものである。レチタール・カンタンドはすべてが言葉の抑揚にしたがっているわけではないので、ところによっては「言葉の韻律」vs「旋律の動律」という問題が生じるが、このように歌心が二者択一を迫られたときは「旋律」のほうを選択すべきだと思うし、基本的には「旋律の動律」を優先し、韻律は鬼に金棒的な効果として使ったほうが良いように思う。

また、レチタール・カンタンドは見ようによってはリズミックにも書かれている。古典式ラテン語のように言葉のアクセントには長めの音符があてられ、「強」母音というよりは「長」母音的に扱われる。これをまるで話し言葉のように演奏するには、今日のセッコの演奏よろしく、音符の長短の差をなくす方向で、強母音にはアクセントを付け、喋り散らかす感じで歌っていけば良いのだが、わざわざリズムを書いたことに注目すれば、現代のラップのようにビートに乗せて歌うこともできるだろう。これによって「歌」の、どちらかというと穏やかな速度感は補われ、新たにシャープなエネルギーが生まれる。そしてそこでは、メロディの高低が抑えられているぶん、言葉の持つ抑揚のテンションが強く前面に押し出されるのだ。ラップの効果と同じである。

さらに、レチタール・カンタンドは後の時代のレチタティーヴォに比べて、何よりも起承転結のような構成感が素晴らしい。ここに、この時代独特のモード的なハーモニーが加わると、それはなんともロマンティックであり、クライマックスにおいては大オーケストラに支えられたアリアに匹敵する壮大さをも想起させるのだ。もはや、言葉を伝えているというより、感情そのものを伝えているかのように思える。

二〇世紀前半の名著『うたうこと』の著者フレデリック・フースラーは「まだ言葉を持たなかった原始の頃、人間は歌うことによって感情を表現していた」と書いている。確かにチンパンジーっぽい猿系の動物で「ホーッ、ホッホー！」とオペラっぽくファルセットで鳴いている連中をテレビで見たことがある。それならいっそ、言葉は旋律の母ではなくて、言葉より歌が先だったということにしてはどうなのだろう。器楽奏者としてはそのほうがうれしいのだ（しかし「ホーッ、ホッホー」は旋律とはいえないかもしれないが……）。

歌は、言葉で意味をダイレクトに伝えるより、心の声として伝える方法なのだ。私には、レチタール・カンタンドこそ、この人間のプリミティヴな感情そのものを体現しているように思えてならない。

さて、モンテヴェルディもこのレチタール・カンタンドの稀代《きたい》の使い手としても手腕を発揮した。彼のレチタール・カンタンドは、フィレンツェの連中のさらに一歩上を行くかもしれない。彼の最初のオペラ『オルフェオ』で前口上を述べる神様は、な、なんと！「音楽の女神 Musica」という激レアのキャスト。いっそう音楽的になったレチタール・カンタンドは、「音楽の女神」に象徴され、当時のオペラ業界の「セリフ優勢」の風潮に水を差しているようだ。また彼の最後のオペラ『ポッペアの戴冠 L'Incoronazione di Poppea』では、特にオッターヴィアのアリア「蔑《さげり》まれた女王 Disprezzata Regina」や「さらばローマよ Addio Roma」の持つレチタール・カンタンドのエネルギー感は半端ない。自分はひいき目で聴いているからだとは思うが、ジュゼッペ・ヴェルディのオペラ・アリアなんかよりずっと強大な音楽の嵐が脳内に吹き荒れる。

この晩年のオペラには「第二の技法」からさらに発展した別の何かを感じる。それは進化した「モード的なハーモニー」を使って自由になったメロディ、といえるかも知れない。しかしここで予見される「何か」は、残念ながら時代の流れとは道筋が異なっていた。時代はどんどん「モード」から離れて「調性」へと向かい、モンテヴェルディが目指した歌の理想からは大きく逸《そ》れていってしまったようにも思えるのである。


我がグループ、《アントネッロ》で「第三の技法」というタイトルのコンサートをしたことがある。当然モンテヴェルディの「第二の技法」にちなんで名付けたものだが、そこでは「第二の技法」の後に来る音楽理論を推測してみた。昔テレビで「トウモロコシだけ食べてて一二〇歳！」という南米のおじいちゃんを見たことがあるが、当時としては長生きだったモンテヴェルディ（享年七六）が、さらにこれくらい生きてくれたら一般的になっていたかも知れない技法である。モンテヴェルディの晩年の作品に見られる特徴的なもの、そしてモンテヴェルディのお弟子さんをはじめとする後輩たちの間で流行っていた作曲法の中から、一八世紀のいわゆる後期バロックの時代にはあまり一般的にならずにすたれてしまったテクニックを取り出して、既存の曲をデフォルメする試みである。

それらは「モード的なハーモニーによるパーフェクト・ドミナント・モーション／完全4度進行」「ジェズアルド風のハーモニー」「装飾音のメロディへの浸食」（このことは既にアルトゥージが批

判対象としている）、「単語の言い直しによるメロディ・メイキング」などである。パーフェクト・ドミナント・モーションはポスト・モンテヴェルディの若手の間で流行した、いわゆる「新様式Stile Moderno」である。当時はこれが強いインパクトを生むものとして認識されていたのであろう（この技法はイタリアでは一八世紀にも残ってはいたが、全般的にはすたれていった）。同じくインパクトを醸《かも》し出す手法として、一時代前のモンテヴェルディの若い頃には、クロマティック・モーション（半音階進行）が流行っていたが、パーフェクト・ドミナント・モーションのほうが聴きやすくてロマンティックといえる。

この「第三の技法」に想いを馳せるということで、同時に私自身の「古楽」へのかかわり方を考えさせられた。

私は、個人的には一七世紀半ばを境にした西洋音楽の変貌は、「サンバ」と「ボサノヴァ」、「ソン」と「サルサ」のように、似ているけれど違うジャンルとして認識されるべきだと思っている。そしていわゆるモンテヴェルディら革新派が推進してきたスタイルが根絶するまでの時期をひとつのジャンルとして見立て、彼らがギリシャ音楽に憧れたように、そのジャンルの伝統を現代に復活させ引き継いでいきたいと思った。

「古楽」で扱われる過去の音楽家たちは皆、彼らにとっての「今」に生きる音楽をクリエイトしている。現代音楽の作曲家、またはポップ・ミュージシャンと同じだ。過去の音楽を歴史的考証をしながら演奏するだけの我々とは、ミュージシャンとしてのスタンスが全然違う。私にとってこのスタンスの違いは決定的にネガティヴで、彼らの本当の心情などわかるわけがないと思った。特に一七世紀初頭の音楽家たち、そして、特にモンテヴェルディ！ この昔から大好きだったスタイル。彼が最後に示した道をまっすぐ歩いて「第四の技法」「第五の技法」を見つけていくこと。それは少なくとも楽しいことではありそうだ。

音楽の細胞分裂〜ディミニューション

「飾りじゃないのよ、ディミニューションは、ハ、ハー、好きだといってるじゃないの、ホ、ホー」

というわけで、確かにディミニューションは好きだなぁ。コルネット奏者の哀しい性《さが》かもしれない……。ヨーロッパにいるとき、我々コルネット吹きはディミニューションで音階を派手に駆け巡る様子をよくからかわれたものだ。

ところで、本当にコルネット奏者はディミニューション過多症候群なのであろうか。では、一体どれくらいが適当なのだろう?

前述のモンテヴェルディの喧嘩《けんか》友達アルトゥージの恩師である、ジョゼッフォ・ザルリーノ爺《じい》日く、

「野蛮な装飾音付けるべからず！　書かれたとおりに演奏しろ！」

クソー、この公言、今日（平成）の「装飾音付けない派演奏家」の金言となっている。うーん、

ザルリーノとは常に馬が合わん。

ディミニューション（英）は「分割」の意。イタリアでは、通過、推移、一節などを意味する「パッサッジョ（伊）」とも呼ばれる。また二つ合わせて「パッサージ・ディミヌイーティ passaggi diminuiti」ともいったりする。一六～一七世紀のディミニューションを指すのなら、このパッサッジョという言葉を使ったほうが良いのかもしれないが、ディミニューションという用語は古楽界ではかなり一般的になってきているので、この項ではディミニューションに統一しよう。他にもお国によって、イギリスでは「ディヴィジョン division」、スペインでは「グローサス glosas」「ディフェレンシアス diferencias（変奏）」、フランスでは「ドゥーブル double」などとも呼ばれる。

ディミニューション技法を用いたパフォーマンスは、クラシック的にいえば変奏曲、ジャズ的にいえばバラードにおけるテーマの「フェイク」のようである。ジャズ・ミュージシャンがミュージカルや映画で流行った曲を夜、クラブでアドリブを交えながら演奏するのと同じく、ディミニューションは後期ルネサンスから初期バロック時代にかけて流行した歌に、いかに飾りを施し面白く演奏するか、という技法だった。

そして、現存する多くのディミニューションに関する教本は、現代のジャズのそれと酷似している。まず、細かいパターン練習が項目別にある[28]。

そして巻末には「自分ならこうやる」という著者自身の模範例が記載されている[29]。

こちらはジャズのテーマをフェイクした例[30]。
クリフォード・ブラウン（tp）による『イージー・リヴィング』の演奏。

今日ではこの「アドリブの実際例」をひとつの作品として楽譜どおりに演奏してしまうことが多い（私もよく演奏するが……）。しかし、そもそもディミニューション教本は、そのメソッド

[28]
リッカルド・ロニョーニ
『ディミニューション練習のためのパッサッジョ集』

[29]
ジョヴァンニ・ピエルルイジ・ダ・パレストリーナ『私は傷ついて』に基づく、リッカルド・ロニョーニによるディミニューション

をもとに自分でフレーズを作ったり、即興したりするために書かれたものだから、本当は付録楽譜をコンサートでそのとおりに演奏することは、コンセプトとしては歴史的に正しくないことである。

さて、音を引き伸ばしながら派手にしつこくディミニューションを施すと、まさにメロディをどんどん「分割」する感じがわかる。そもそも中世以来、記譜法とともに発展してきた西洋音楽は、音が細胞分裂を繰り返すがごとく「分割」されてきた歴史だともいえないだろうか？

冒頭の中森明菜ちゃんの替え歌のように、私には「ディミニューション」はたんなる「飾り」とは思えないが、元の曲にとっては余計なお世話的付け足しであることは間違いなく、だからそこには元のメロディの音＝基音が混在する。

さてここで二択問題です。あなたならどっち？

[30]
ラルフ・レインジャー『イージー・リヴィング』のクリフォード・ブラウンによるフェイク演奏

①ディミニューションはあくまでその大切な基音より一歩引いて、飾り付けのよう流麗に演奏すべきである。
②せっかくわざわざ付け足したのだから、ディミニューションこそ重要であり、基音より強調して演奏すべきである。

私の場合、どうしても②の札を上げてしまう。一日中（ディミニューションの音で）遊び歩いて、家（基音）は寝に帰るだけという感じだろうか？

「基音」はあらゆる段階において、ディミニューションよりは強拍に存在する。そして基音からまたは基音へ向けて派生するディミニューションは、それぞれの基音に比べれば弱拍にある。だからディミニューションを強調する場合は、ここでも概念的にはオフビートのほうに意識が向かうということになるのだ。

作曲家自身の手による装飾例が、装飾のないシンプルな楽譜と並べて対比されて書かれた曲もある。一八世紀ではコレッリの『ヴァイオリン・ソナタ集』作品5の前半六曲や、テレマンの『メトーディッシェ・ゾナーテン』が超有名だが、一七世紀にもこのかたちで書かれた教育的要素が強い曲集がある。

右はバルトロメオ・バルバリーノによるモテット『主よ、われ御身に依り頼みたり』の装飾例[31][32]。

そして、なんと！ モンテヴェルディの『オルフェオ』のアリアにも、このかたちでゴージャス

[31]
バルトロメオ・バルバリーノ『主よ、われ御身に依り頼みたり』

[32] 同曲、作曲者本人による装飾例

な装飾例が書かれた部分がある[33]。

たとえばここでは「向こう岸 l'altra riva」という歌詞のところで、本当に川を飛び越えるような音型が現れる[34]。

このように、ディミニューションは歌詞の意味に対応している場合も多い。ジョヴァンニ・バッティスタ・ボヴィチェッリも「歌詞の内容にディミニューションを合わすべし」と説いている。もうひとつ、十代で聖マルコ大聖堂のコルネット奏者となった天才、ジョヴァンニ・バッサーノのディミニューション集から、「パラディーゾ（天国）」の歌詞のところで、天国に昇っていくような音型[35]。

また、この当時の歌詞は隠喩《いんゆ》がほとんどである。それぞれの単語に隠されたエロティックな裏の意味を知ることは重要である。たとえば、

「partire（出発する）」
「morire（死ぬ）」
「fuggire（逃げる）」
「sfogare（打ち明ける）」
「augellin（小鳥）」などなど。

これらを紐解《ひもと》いていくと、作品全体にも隠されたエロティックな意味合いや教訓までも見て取れ

るのだ。裏の意味でまた別のストーリーが展開されていたりもする。このことは、個人的には一七世紀の音楽を語るうえで最も大切なことのひとつだと思われるのだが、現代の日本では猥褻《わいせつ》すぎて「アート」と認識してもらうことが難しい。

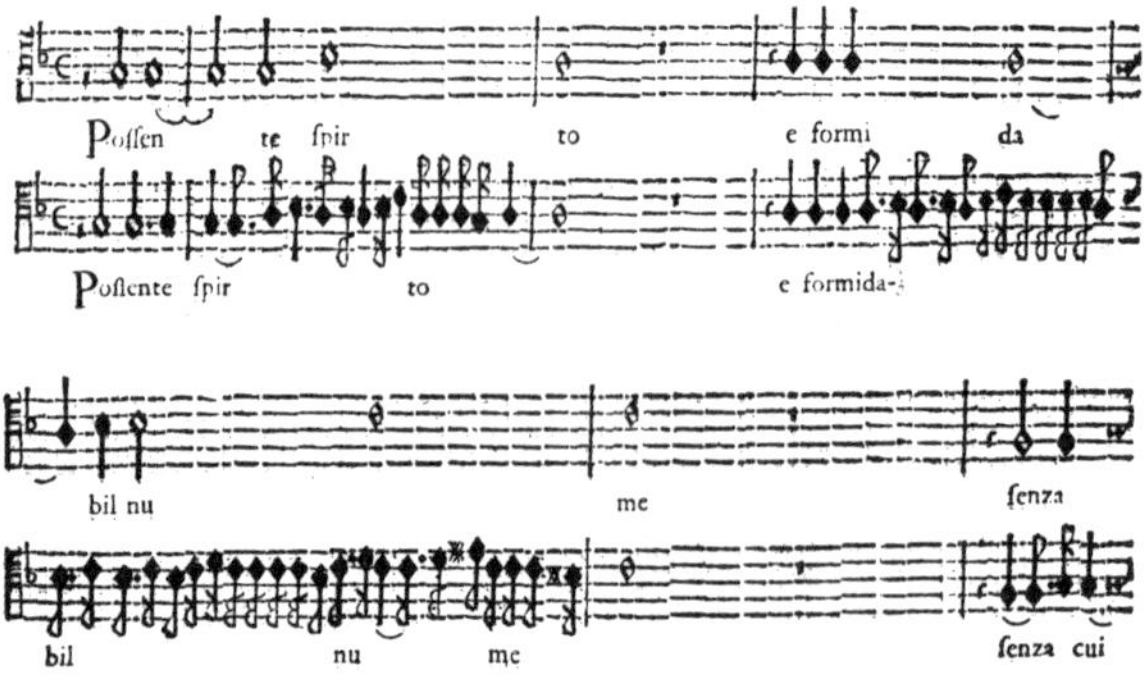

[33] クラウディオ・モンテヴェルデイ『オルフェオ』より「力強い霊よ」

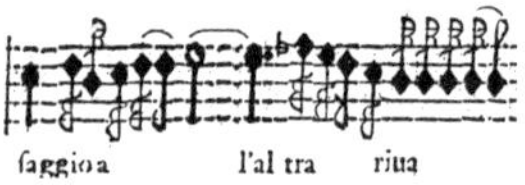

[34]「力強い霊よ」の川を飛び越えるような音型

[35] ルカ・マレンツィオ『私の優しい』に基づく、
ジョヴァンニ・バッサーノによるディミニューション
(この曲集は自筆譜譜が第二次世界大戦で焼失してしまったので、音楽学者クリュザンダーによる手書きの譜面しか残っていない)

このようなダブル・ミーニングの隠された意味を確認するのに、ディミニューションの音型が役立つこともある。

音型（アッチェントという装飾）でおわかりになるだろうか[36]。

ディミニューションや装飾音が、もともと作曲家の手によってすでに書かれている場合は多い。たとえばモンテヴェルディなどはその作品中に装飾音をたくさん書き加えた[37]。

この事実から、二つの正反対の事柄を類推できるだろう。

①もし作曲家が装飾音を欲していればこのように譜面に記するのであるから、書いていないところは作曲家は装飾を欲していないという意味である。いっさい付けてはいけない。楽譜どおり演奏すべし。

②かくのごとく、装飾音はさらに自由に奏者によって付け加え、楽曲は演奏されるべし。

さあ、皆様はどっち派でしょう?

ちなみに、アーノンクール氏はモンテヴェルディを演奏するときは①だと断言していた。

しかし、私の場合は、また②である！　このように作曲家が中途半端にディミニューションを書き入れ、メロディと一体化させる感覚は、即興演奏を体験すると理解できるような気がするのである。ディミニューションが単なる装飾音ではないことがわかる[38]。

ディミニューションが旋律的な装飾だとすれば、一つの音に対して付けられる部分的な装飾もある。この部分的な装飾はディミニューションと混合で使うこともでき、時代が下るにつれその度合いは増えてくる[39]。

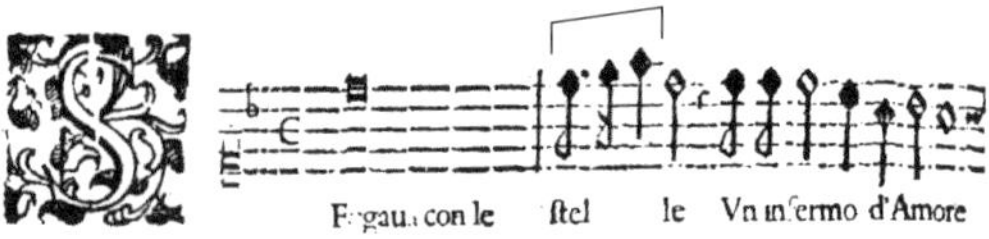

[36] クラウディオ・モンテヴェルデイ『星に向かって打ち明けた』
「sfogare（打ち明ける）」の隠喩が使われている例

[37] クラウディオ・モンテヴェルデイ
『聖母マリアの夕べの祈り』より「我は黒し」
ここでの例は部分的な装飾

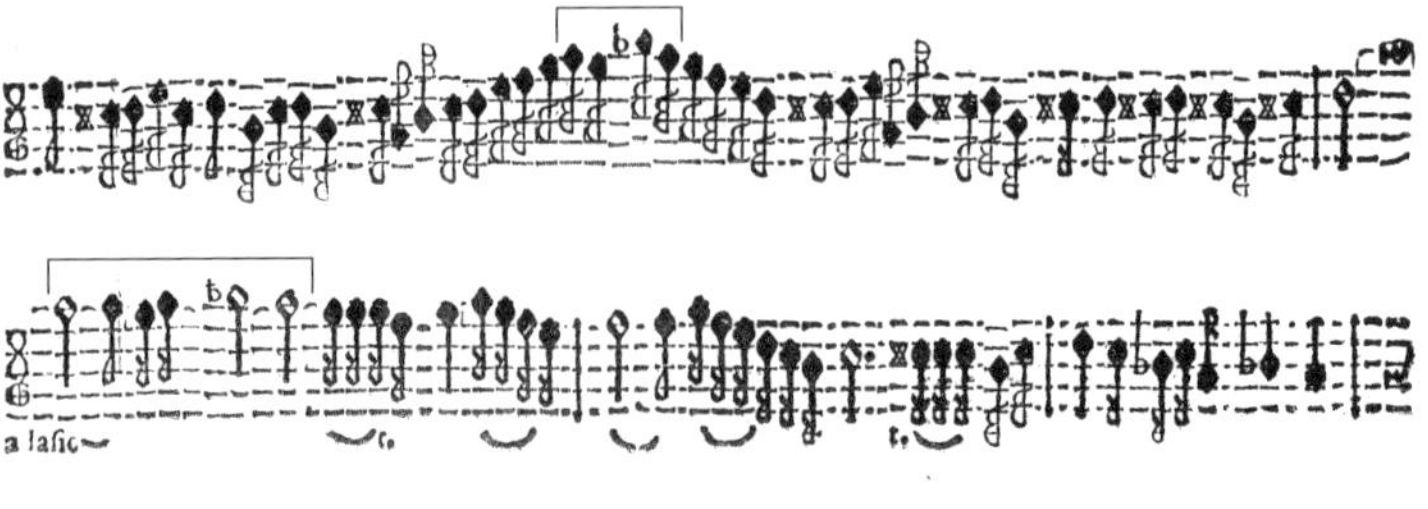

[38] ダリオ・カステッロ　ソナタ第１番
装飾音のくせに続くメロディを浸食する場合も多々あり

そういえば、解釈いかんによって正反対に転ぶ事柄がもうひとつ思い浮かんだ。当時あまりにも流行っていることを理論家が「やりすぎだ！」「近頃の若いモンは！」などと批判するようなことである。ザルリーノの装飾批判もおそらくはこれにあたる。たとえばディミニューション教本『種々のパッサッジョの森 Selva de varii passaggi』（一六二〇）を著したフランチェスコ・ロニョーニはこういった。「巷《ちまた》ではアラブ風な演奏が流行っているが品がない！　やるべきでない」

　これに対する歴史的解釈には二通りある。

①当時の偉い人が「センスわるー」

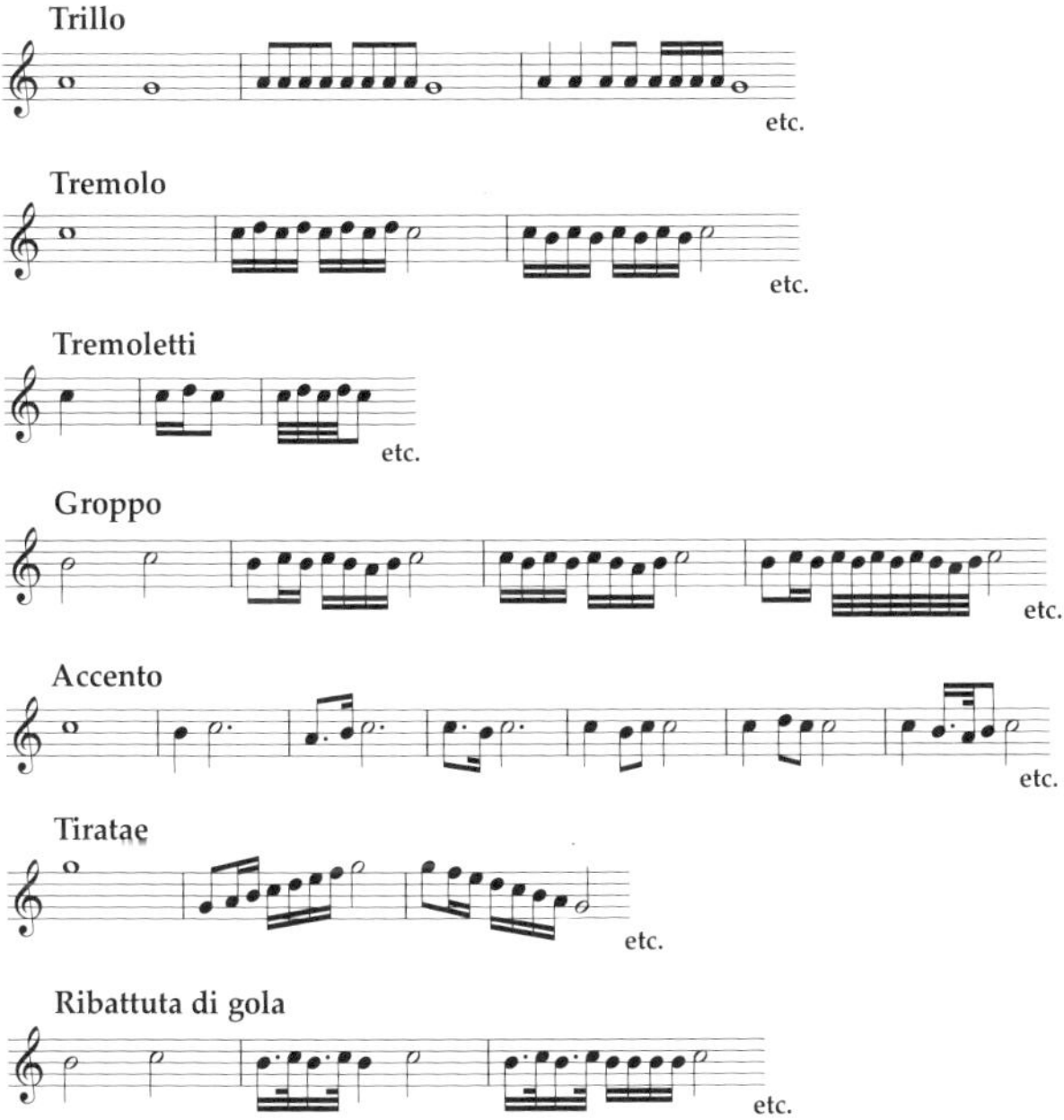

[39] 一般的な 17 世紀初頭の装飾音

といっているのだからやるべきではない。
②むしろアラブ風にやったほうが当時の状況を反映できる。

さあ、皆様はどちらでしょうか？
これも私は絶対②である！

これ以外にも、教則本のかたちはとっていないが、ほとんどの楽曲がディミニューション様式で書かれた曲集は枚挙にいとまがない。昔の作曲家はアレンジャーにすぎないのか——という気もしてくるほどだ。

その中で、私にとって、そして全てのリコーダー奏者にとって、バイブルのような曲集、ヤコブ・ファン・エイクの『笛の楽園 Der Fluyten Lust-Hof』を紹介しよう[40]。

数年前、ブリュッセルでバロック・オペラの仕事があり、その合間の休日を利用してついに生まれて初めてユトレヒトを訪れた。ユトレヒトでは毎年有名な古楽祭が開かれるから、古楽奏者のくせにそれまで行ったことがなかったというのは恥ずべきことかも

DER
FLUYTEN LUST-HOF,
Vol Pſalmen, Paduanen, Allemanden, Couranten, Balletten, Airs, &c.
Konſtigh en lieflyk geſigureert, met veel veranderingen.
Door den Ed. Jr. JACOB van EYK, *Muſicyn en Directeur vande Klok-werken tot Uitrecht,&c.*
Den 2 Druk, op nieuws overhoort, verbetert en vermeerdert, door den Autheur, met Pſalmen, Paduanen, Allemanden, en de nieuſte voyzen, en verſcheyden ſtukken om met 2 Boven-zangen te gebruikken.
Dienſtigh voor alle Konſtlievers tot de Fluit, Blaes-en allerley Speel-tuigh.

EERSTE DEEL.
t'AMSTERDAM, by *Paulus Matthyſz.* inde Stoof-ſteegh, in 't Muzyk-boek, gedrukt. 1649.

[40] ヤコブ・ファン・エイク『笛の楽園』表紙

しれないが、ヤコブ・ファン・エイクゆかりの町ということでとにかくずっと行きたくて憧れていたのだ。

そのときは幸い、オランダ在住の古楽界のビッグ・アーティストが観光案内を引き受けてくれた。

「ユトレヒトの町の人はファン・エイクなんか誰も知らないよ。世界中のリコーダー奏者がお参りに来るだけ」

彼はミュージシャンだがリコーダー吹きではないので、不謹慎なことをさらりという。まあ、同じ苗字の画家のほうなら皆んな知っているんだろうなと思いつつ、ファン・エイクの勤めていた教会などを案内してもらった。

フランドル地方には「カリヨン」が設置された教会が多い。キンコンカンコーンという鐘の音で楽曲をも奏でる楽器、それがカリヨンである。ファン・エイクはカリヨン奏者、いわゆるカリヨネアであった。今は知る人がいなくとも、当時のユトレヒトの人たちの間では彼はきっと人気者であったであろう。生まれつき全盲にもかかわらず、「スウェーリンクやラッススの偉業に匹敵する」とまで評価され、「ユトレヒトのオルフェウス」の名で讃えられた。

カリヨネアは同時にオルガニストである場合が多かったので、彼もそうであったに違いない。そして、偉大なる曲集、『笛の楽園』が出版された。

ここに出てくる音型も、ときには鍵盤っぽくて、ファン・エイクが鍵盤楽器にも長けていたことを物語っている。得意のリコーダーに関しては、一六四九年に「夕暮れどきに小さな笛で教会の中庭を歩く人々を楽しませた」ことが評価されて給料がアップした、という記録がある。

教会に着くとすぐ、ファン・エイクが演奏していたという教会の中庭を探した。

「残念ながら今は駐車場なんだよ。まさに今我々が立ってるところだ」

「え〜、なんだ、なんて夢のない……」

でも、一応その駐車場の写真は撮った。

ファン・エイクが著した『笛の楽園』は、そのほとんどがディミニューション技法による作品。今ではリコーダーの聖典とされているが、初版の序文には「リコーダー、その他の管楽器——そしてあらゆる楽器の愛好家のために」と書かれており、実際は何の楽器で演奏してもよかったようだ（ただし、当時はより本が売れるように、とにかくこのように書くことも多かったことは明記しておこう）。
『笛の楽園』に含まれる約一五〇曲の大半は、当時オランダで流行していた大衆歌曲や舞曲などにもとづく変奏曲である。それらはヨーロッパ中から集められたものであった。
ジューリオ・カッチーニ作曲『アマリッリ麗し Amarilli, mia bella』[41]
ジャコモ・ガストルディ作曲バレット『優しいシレーナ Quest dolce Sirena』[42]
などのイタリア歌曲。
ジョン・ダウランド作曲『溢れよ我が涙 flow my tears』『彼女は許してくれようか Can s he excuse』『今こそ去らねばならぬ Now O now I needs must part』
ロバート・ジョーンズ作曲『さらば、愛しの人 Farewell, dear love』

などの英国リュート・ソング。
フランソワ・ド・シャンシーの作曲『無益に身を隠す私 En vain je veux celer』
エティエンヌ・ムリーニエ作曲『鐘は鳴り響き Repicavan las campanillas』
などフランスのエール・ド・クール（宮廷歌謡）といった具合である。

ファン・エイクのディミニューションは、元の曲に書かれた音符を丁寧に縫《ぬ》っていくような手堅い手法である。したがって、他のディミニューション作品と同様、伴奏を付けることはなんら問題ないし、伴奏されて然《しか》るべきだと思う。

『笛の楽園』は、クラシック的にいえばファン・エイクが変奏曲を作曲、ジャズ的にいえばアムステルダムの楽譜屋がファン・エイクの即興演奏を耳コピして「アドリブ・コピー譜」を作成した、という

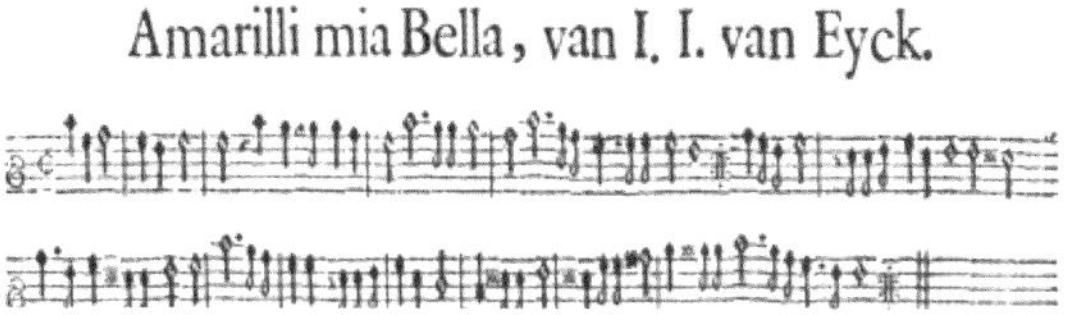

[41] ジューリオ・カッチーニ『アマリッリ麗し』

[42] ファン・エイクによる『アマリッリ麗し』のディミニューション

ことになるだろう。

そこには、我々がクラシック音楽としてまず念頭におくような「演奏する、または、されるために作曲する」というイメージより、ファン・エイクのディミニューション芸術を「記録する」というような性格も多分にあっただろうと思う。今でいうレコーディングの代わりである。おそらく当時の人たちは、この曲集を参考にすることによって自分の即興の役に立てることもできたのだと思う。また、この時代には、他人のフレーズやテーマを借用するといった、我々の目から見れば盗作まがいのことも頻繁におこなわれていた。これもまた、ジャズ・サックス奏者の誰しもがチャーリー・パーカーなどのフレーズをコピーし、自分のアドリブに利用しながら著作権料などいっさい払わないといった状況と似ている。

私自身、昔から大好きだったファン・エイクのフレーズの数々は、あるていど身体に浸透しており、アレンジや即興をおこなうときに自然と似たようなフレーズが登場することがある。そんなわけでこの『笛の楽園』は、私にとってまさに「聖典」と呼ぶにふさわしいものなのだ。それにしても、四〇〇年も前のスタイルを理解し自分の歌として奏することは現代人には途方もなく難しい。私もまたこの課題に立ち向かいながら苦労に苦労を重ねる毎日を送っている。しかしこの苦労、はたして正しい方向なのだろうか？　古楽作品に己の即興演奏を乗せる場合、一体どれくらいスタイルを踏襲《とうしゅう》するべきなのだろう？

もし、あたかもファン・エイクが作曲したかのように自分も即興でディミニューションを吹けるようになって、そして、いよいよタイムマシンが実用化！　ファン・エイクに会いにいって、彼の前で演奏を披露したら！　ドキドキ！　一体なんていわれるだろう？

「やあ、君は僕のスタイルをよく勉強したんだね。それじゃあ、今度はもっと君の個性を出すようにしてごらん。未来のジパングから来たんなら、もっといろいろ変わったことができるんじゃないの？」

ルバートは二連符か三連符か

ブルーノート東京でボサノヴァの女王アストラッド・ジルベルトを聴いたことがある。何より驚いたのは、目の前のおばあちゃんが自分より格段に優れたリズム感で、強烈にスウィングしていた件であろう。日本のおばあちゃんではまず見られない光景なので強く印象に残った。もうひとつ印象に残ったのが、共演していた刑事コジャックみたいなドラマーのソロの場面。ソロを始める前に聴衆に手拍子をするよう促したのだが、こちらのリズム感が悪く超ズレズレになってしまい、本人途中で叩けなくなって「わーっ!」と絶叫していた。何かとても申し訳ない気持ちになったが、考えてみれば日本の聴衆のリズム感を甘く見た彼のほうが悪い。

ボサノヴァといえば、渋谷で『ヴィニシウス　愛とボサノバの日々』という映画を感動しながら見た覚えもある[43]。

[43]
映画『ヴィニシウス　愛とボサノバの日々』DVDジャケット(2005、ブラジル)

一九五〇年代のボサノヴァ創始を扱ったドキュメンタリー映画で、若かりし頃のボサノヴァの巨匠たちが登場する。このとき、新しいジャンルを作り出すというのは、ミュージシャンとして最も幸せなことなのではないかと思った。しかもそれが仲間内で皆んなでワイワイおこなわれると「楽しそう〜！」と思えてしまう。もちろん、このような大それたことは先行のジャンル（この場合はサンバ）に対して、大改革ともいえるすさまじい個性とアイディアがあってこそ可能なことなのではあるが……。

話はボサノヴァで始まったが、私はジャズもムチャクチャ好きだ。そして、ジャズ・ヴォーカルではヘレン・メリルの大ファンである。来日の折は何度かライヴに出かけた。彼女に関してはおそらくすべてのCDを持っていると思う。したがって『ヘレン・メリル・シングス・ビートルズ』とか珍しいCDもある。

余談になるが、前述のアストラッド・ジルベルトにも『ゴールデン・ジャパニーズ・アルバム』なるCDがあって、なんと！　ジルベルトがボサノヴァの名曲を全部日本語で歌ってくれている。この手の音源は必ずすぐ買ってしまう。外人の歌手がどのようにたどたどしく日本語を歌っているかを聴いていると、その歌手の音楽表現までわかったりする。まるで歌い癖まで日本語に訳されているかのように聴こえてくるのだ[44]。

もうひとつ余談。先日共演させていただいた素晴らしい箏《そう》奏者の方から、楽屋で『邦楽ジャーナル』を見せてもらった。尺八の故・山本邦山氏の特集で、彼にゆかりのあった様々な人々が思い出を語っている中にヘレン・メリルのコメントもあった。ヘレン・メリルは旦那様のお仕事の関係で長らく日本に居住しており、その間日本のミュージシャンとたくさん共演したのだ。彼女は山本邦山の演奏に感銘を受け、自身の歌にも取り入れたとあるではないか。えっ⁉ まさか！ もしかしてあの「ニューヨークのため息」ハスキー・ヴォイスは尺八風ということなのか⁉ いやいや、調べたら『ウィズ・クリフォード・ブラウン』のほうが年代的に先だった。

話を元に戻そう。ヘレン・メリルのビートルズではない企画物のCDの中に『ボサ・ノヴァ・イン・トーキョー』がある[45]。

収録曲はボサノヴァの名曲ばかりなので、アストラッド・ジルベルトの歌唱と比べてみると面白い。

クラシック的な言い方をすれば、どのようにルバートしているかである。ヘレン・メリルは二拍三連的な揺れを多用している。それに比べて、アストラッド・ジルベルトのほうは二連符を使っているが、そもそもこの曲は四拍

[44]
アストラッド・ジルベルト
『ゴールデン・ジャパニーズ・アルバム』
CDジャケット

子であり、八分の六、八分の九、八分の一二などのように一拍が三つの音符に分かれるような曲ではない、だから四分の四の中にある八分音符八つのどこかの三つを抽出しそれに対して二連符を作っているのである。これを小節線関係なくやられるとわかりにくい。

ここでは大雑把に、音符の括りは「2」か「3」の二面性しかないとして話しを進めたい。便宜上「二拍子」と「三拍子」と書くが、拍子というよりはリズムにおけるパルスのかたまりと捉えてほしい。拍子ということであれば、「三拍子」か「四拍子」か、ということになるだろう。三輪車とか四輪の自動車のほうが安定するし、物語も「序破急」または「起承転結」で作られるのと一緒で、二拍子より四拍子が主役を張るほうが圧倒的に多い。

ルバートは動律の感覚を変化させておこなうのだとすると、「変化」なのだから、元来のセンスとは違うほうをやるということになるだろう。

ヘレン・メリルが三連符で揺らしてくるということは、彼女の持っているオリジナルなセンスが「2」で、変化させたかたちが「3」となるわけである。

それに対して、アストラッド・ジルベルトは二連符で外してくるので、も

[45]
ヘレン・メリル
『ボサ・ノヴァ・イン・トーキョー』
CD ジャケット

ともとのセンスが「3」で、変化形が「2」となる。

ラテン語源の言葉を話す人たちのほうが、もともと「3」で取ることが多いように思う。

我々にとっては確実にヘレン・メリルの歌い方のほうがわかりやすいだろう。日本人は俳句（五七五）も和歌（五七五七七）も「よーっ！　チャチャチャチャ」の三三七拍子も、結局、休符を挟んで四拍子で感じるし、「セーノ！」はハングル語の「セーネ（3、4）」から来ているらしいし、「3」じゃなくて「2」で感じているようだ。


連符を演奏するとき、三連符も二連符も、思わず独特の粘っこい表情を付けてしまう経験はないだろうか。「タ、タ、タ」ではなくテヌートな感じの「ターターター」みたいな。たぶん、本来の拍に逆らう感覚が抵抗感を生むのだろう。このときの二拍三連の三連符を奏したときと、二連符を奏したときでは粘りのセンスがちょっと違うと感じるのは私だけだろうか。彼女たちの演奏にもそれは表れている。特にアストラッド・ジルベルトが二連符を歌ったときの、二つの音符のタイミングは理想的なものだと思うのだが、ラテン諸国のプレーヤーたちは、たとえその二音が連符でないときも、音の並びでこのハイセンスな感じを醸し出してくるような気がする。

ところで、二拍子の起源は人足歩行、心臓の鼓動、農耕民族の農作業、そして三拍子は騎馬民族特有の馬の滑走音が起源なのだろうか。

リトミックの創始者ダルクローズの師、マティス・リュシーは二拍子、三拍子は呼吸によって作られるとし、普段の呼吸は二拍子だが、休息中や睡眠中は三拍子になるという。また、心臓音も胸に耳を当てれば三拍子で聞こえてくる。

そして、この「2」と「3」の関係は「もしかして恋人？」と思うほど、互いに憧れ惹《ひ》かれあっている感じがある。いや、隣の芝生が良く見えているだけかもしれない。それとも本当は宿敵同士？　お互いに「征服してやるー！」と思っているのかも。

たとえば、ジャズなどにおける「シャッフル」のように、八分音符が連続したときにヨタる感じも「2」から「3」への変化といえる[46]。

なぜここで「シャッフル」を取り上げたかというと、これは一八世紀フランスでおこなわれていた「イネガール」という現象に似ているのだ。私の意見ではこの二つの現象は全く同じ発祥理由であり、同じセンスで処理して良いと思うのだが。たとえば、このパリのアコーディオン弾きのおじいちゃん、ジョン・コルティのCD『クーカ』の演奏など、フランスの香りがする「シャッフル」で、まさにこれが真の「イネガール」なのではないかと思ってしまう[47]。

[46] シャッフル

逆に「3」から「2」への変化は、アイルランド音楽のジグ、その他シチリア島の民族音楽などが挙げられる。そこではやはり二連符的な雰囲気が漂う[48]。

さて、前述のアストラッド・ジルベルトが四分の四拍子中の八個の八分音符から三つを抽出したように、一小節に八分音符三つを交えながら、リズムパターンを作ってしまうことは、民族音楽やポピュラー音楽においてはごく一般的である。特に3－3－2のリズムパターンは、アフリカ、インド、アラブの音楽、タンゴ、ボサノヴァなどラテン音楽、そしてフラメンコなどなど世界を席巻している。その中でアラブ代表の選手名は「マルフーフ」[49]。

話を古楽のほうへ戻そう。

ルネサンス音楽を演奏するときは、それが四拍子

[47]
ジャン・コルティ（アコーディオン）
『クーカ』CD ジャケット

[48] ジョン・プレイフォード『ケンプのジグ』

系で書かれていても、三拍子でとれるところを見つけながら演奏したほうが良い場合がある。

また、一概にはいえないが、三拍子的なところは舞曲っぽい扱いで使われており、「三拍子＝舞曲」のような図式が成立してくる。

以下の例のように、歌詞の内容が「喜び」や「幸福感」を表しているときには、三拍子が使われることが多いようだ。幸せなときは思わず踊り出したくなるということか[50]。

三拍子と四拍子が頻繁に交替するというかたちもこの時代にはすごく多い。その際には前後の四拍子と比較して、どんな速度で三拍子を演奏するのか、いわゆる「テンポリレーション」が問題となってくる[51]。

[49] マルフーフ

[50] クラウディオ・モンテヴェルディ『アリアンナの嘆き』

[51] ルツァスコ・ルツァスキ『ひそやかな甘い吐息が』

さて、ルバートが理想郷に近づくには、もうひとつ重要なセンスが欲しい。

昔、FM放送で、大好きなスタンダード・ナンバー『黒いオルフェ〜カーニヴァルの朝』を、これまた大好きなトランペット奏者フレディ・ハバードが吹いているのを聴いた。斑尾《まだらお》JAZZフェスティバルのライヴ録音で、運良くエアチェックしていたし「すげ〜!」と感動したので、後日、耳コピした。

まず、彼がトランペットでテーマをフェイクしているところを聴き取った。途中、音に「ターン」という装飾が付いていたのだが、そのときは自分はまだ学生で、「バロックの装飾音は前出しか? オン・ザ・ビートか?」なんていう些細《ささい》な問題にこだわっていた頃だったので、このフレディ・ハバードの「ターン」を楽譜に書いてみたときには驚いた。装飾音は前出しどころではなく前に一拍以上食いこんでいるではないか。そして次にあるべき音は二拍以上後に来ていた。

「やっぱりこれくらいルバートしないとダメなのかぁ」ショックを受けた。

しかし、そのタイミングで自分で吹いて真似してみるとどうもうまくいかない。それを書き取った楽譜どおりに吹いたところで全然「様にならない」のである。何が違うのか? どんなセンスを加えればこのように演奏できるのか?

実はルバートには即興演奏をおこなったときのフィーリングが最も大事なのだ。楽譜があるとき(暗譜も含む)と本当に即興演奏をしたときではタイミングが全く違ってくる。実際に即興演奏をしている自分の演奏がカッコ良かったからといって（便宜上あえてそういわせてもらうと）、後から録音を聴いて真似しようとしても、どうしても真似できない。「このとき、何やったんだ〜　俺？」となる。過去からのしがらみ、共演者とのしがらみを完璧に踏まえた自分の主張、その絶妙なタイミング、メロディラインがひらめいてから「ハイ！　これです！」と音になる感じ、これはもう「反射神経」なのか。実際に転ばないと手が猛スピードで出てこないのと同じで、本当に即興しないとこのタイミングは無理なのだろうか？

とにかく、この即興演奏で自然に生まれるルバートの完璧なバランス感は、何ものにも替えられない。

しかし、古典をやるときは「人様の即興演奏」をなぞらなければならない。これをあたかも今自分で「即興」したかのように演奏することは、私に重くのしかかる「永遠の課題」でもある。

ダ・ヴィンチはオペラを作ったか？

二〇〇七年、かの有名なレオナルド・ダ・ヴィンチの『受胎告知』がはるばるフィレンツェから上野の西洋美術館にやって来た。その折、我がグループ《アントネッロ》は、この名画の真ん前で演奏し、それをテレビ収録をするという、なんとも幸運な仕事に恵まれた。しかも元おニャン子の渡辺満里奈ちゃんがインタビューしてくれるというオマケ付きだ。普通に美術館へ見に行ったら、きっと押すな押すなの騒ぎの中、一瞬その前を通りすぎることしかできなかったのではないか。我々はこの偉大な作品と一日中ダラダラ過ごすという貴重な体験ができたのだ。

絵の内容は受胎告知であるから、天使が舞い降りてマリア様に「そろそろおめでたですよ〜」と告げているところ。「せっかくですから記念に一枚」と天使がマリアにポーズをとってもらい、デジカメでパチッと撮影しているようにも見える[52]。

そんな思い出から遡ること、どれくらい前の話であっただろうか。

「レオナルド・ダ・ヴィンチが即興でオペラを演っていたらしい」という情報が飛びこんできた。

一四八〇年、マントヴァで『オルフェオ』というオペラが初演された記録があるが、どうやらレオナルドもこの公演にかなり深くかかわっていたというのだ。タイトルロールを務めたアタランテ・ミリオロッティはレオナルドの弟子だった。同名のオペラが一五〇六年にミラノで再演された折には、レオナルドが舞台転換やセリを活用した、大掛かりな舞台装置を考案したという記録も残っている[53]。

このオペラの脚本はアンジェロ・ポリツィアーノ。彼はメディチ家のロレンツォ豪華王の側近であったが、ロレンツォの奥方と対立したことによりフィレンツェを去ってマントヴァのゴンザーガ家に赴《おもむ》いた。彼はそこで脚本に没頭し、たったの二日間で書き上げたのがこの『オルフェオ』である。その約一〇〇年後、モンテヴェルディもゴンザーガ宮で自身の『オルフェオ』を

[52] レオナルド・ダ・ヴィンチ『受胎告知』（ウフィツィ美術館）

[53]
『オルフェオ』（1506）のダ・ヴィンチが考案した舞台装置

作曲した。たぶんこのポリツィアーノ版を知っていたであろうし、もしかすると彼がオルフェオを題材に選択した一因となっているかもしれない。

オペラ、オペラと書いているが、レオナルドの手掛けた舞台をオペラといってしまってよいのだろうか？　オペラはもっと後の時代に起源を求めるのが常とされているので、その呼び名がよろしくないのだとすれば、それは演劇なのか、音楽劇なのか、はたまたミュージカルなのか。

この際、オペラの細かい定義に照らし合わせて考えるのは野暮としても、ダ・ヴィンチがかかわった、いわば「オペラ以前のオペラ」は、この『オルフェオ』に限らず、ベルナルド・ベッリンチョーニの『天国』、バルダッサーレ・タッコーネの『ダナエ』など、すべてにおいて譜面が残っていないのだから単純に検証できないのだ。そもそも楽譜がないと音楽史の中に組みこまれにくい。それでも『オルフェオ』には音楽がかなり存在したということは確かである。登場人物には楽器が割り当てられていたらしい。オルフェオにはリラとヴィオローネ、エウリディーチェにはトレブル・ガンバ、プルトーネにはトロンボーン、カロンにはギターといった具合である。また、初演を迎えたとき、ポリツィアーノは「語りでも歌でもなく両方が聴こえる！　区別できない！」と感動をあらわにしており、この言葉を聞くと、作品はとてもオペラ的だったのではないかという気がする。

いろいろなことができた「マルチな」レオナルドが音楽もできちゃったことは知られている。レオナルドは「音楽は絵画の妹のようだ」といっているので、彼にとって音楽は二の次の存在だったのかも知れないが、『美術家列伝』の著者ジョルジョ・ヴァザーリは「レオナルドはもっとも優れた即興詩人である」と述べているし、「レオナルドのリラの弾き語りが素晴らしかった」と称賛している史料がいくつもある。レオナルドは「リラ」という楽器を持って即興で歌うシンガー・ソングライターだったのである。

「おおっ、レオナルド・ダ・ヴィンチも即興してたんだ！」

それを知ったのは、ちょうど自分が一六～一七世紀のインプロヴィゼーションの勉強をし始めた頃だったように思う。

画家や音楽家のパトロンだったメディチ家のロレンツォ豪華王は、ミラノ公ルドヴィーコ・スフォルツァのもとへレオナルドを派遣している。そのとき彼は、素晴らしいリラの即興演奏を披露して、その楽器を献上した。馬の頭蓋骨《ずがいこつ》をかたどった銀製のボディをもつリラは、レオナルドが音響を考えて考案&自作したものだ。新しい楽器によるパフォーマンスは大絶賛されたようだ。そこには「オルフェオ」を演じた美青年ミリオロッティ君も連れて行っている。レオナルドはバイセクシャルだったから九九パーセント、弟子とできちゃってたパターンであろう。

ところで「リラ」とは一体どんな楽器なのだろうか？　ここで天使がリラを弾いている図を見ていただきたい。

リラといっても竪琴のようではなく、いっけん、ヴァイオリンやヴィオラのようだ。正式名称を「リラ・ダ・ブラッチョ」という（ブラッチョとはイタリア語で「腕」の意）[54]。対して「脚のリラ」という意味のリラ・ダ・ガンバという楽器もある）。持続音を弾くための開放弦があるから、ヴァイオリンよりも弦の数が多く、この開放弦のおかげでメロディに軽く伴奏を加えたり、歌の伴奏をすることができる。ダ・ヴィンチの時代には大流行していて、後世にこの楽器がすたれてしまったことをルネサンス時代の人たちが知ったらきっと驚くだろう。

そのサウンドは、我々の耳にはちょっと民族的、中世的に聴こえるかもしれない。が、そうかと思うとまるでロマン派のヴァイオリン音楽なのでは!? と思わせるゴージャスな響きまで奏でることができる。実際に復元したリラ・ダ・ブラッチョと何度も演奏する機会を得たが、当時流行っていたことがうなずけるメチャクチャすごい楽器であった。

このように、ヴァイオリンのような楽器（たとえばフィーデルなど）で歌を伴奏する習慣は、遠く中世の時代から脈々と残っており、こ

[54]
リラ・ダ・ブラッチヨ
（ジョヴァンニ・ベッリーニ）

の時代は「インプロヴィザトーレ（即興詩人）」とよばれる人々が路上ライヴをおこない、絶大な人気を博していた。

フィレンツェではサン・マルティーノ広場がそのメッカで、若いレオナルドはここに足繁く通い、きっと誰がしかお気に入りの、たとえば有名なインプロヴィザトーレ、アントニオ・ディ・グイドなどの熱烈なファンになったかもしれない。そして自身もほどなくインプロヴィザトーレのように、リラと歌唱ができるようになったと思われる。レオナルドが暗記していた抒情詩が手稿に残されている。

ちなみに、前述の『オルフェオ』の台本作家ポリツィアーノもインプロヴィザトーレ、グイドの大ファンである。一度ぐらいはレオナルドと二人で「グイドすげーよな」という話題になったのではないか。

加えて当時は「美術家たる者、音楽もたしなまなければ」という風潮があり、徒弟として入ったヴェロッキオ工房でも『けいおん！』よろしく、楽しく音楽できたことであろう。ヴァザーリはこのアンドレア・デル・ヴェロッキオのことも「金細工師、遠近法のマスター、彫刻家、版画家、画家、音楽家」と記している。ヴェロッキオはリュートを弾いていたようだ。

そのうち、レオナルドはヴェロッキオ親方をペロっと追い越して「あれー？　僕のほうが上手いんじゃん？」ということになったのではないか。ヴェロッキオは後年、絵でもレオナルドに負けて彫刻専門に……という可哀想な逸話まででっち上げられてしまった。

ここでひとつ余談。新しい楽器を考案&自作していたレオナルドは、なんと！　私の専門楽器である「リコーダー」も開発している。もちろんただのリコーダーではない。その名を「フラウト・グリッサンド flauto glissando」。

レオナルド曰く、「この笛は音が跳躍的に変わらないで、人間の声のように変化する」。ということは、ルネサンス時代の歌手もポルタメントしていたんだ！ということもわかった[55]。

私も無性に吹きたくなって、復元してもらったものが次の写真である。演奏はメチャクチャ難しい！[56]

さて、「即興じゃ嫌だ！　どうしてもレオナルドの作曲がいい！」という向きには、レオナルドの楽譜らしきものが『ウィンザー手稿』とよばれる史料に残されている。「音楽の判じ絵 Rebus musicali」である。しかし、これは残念

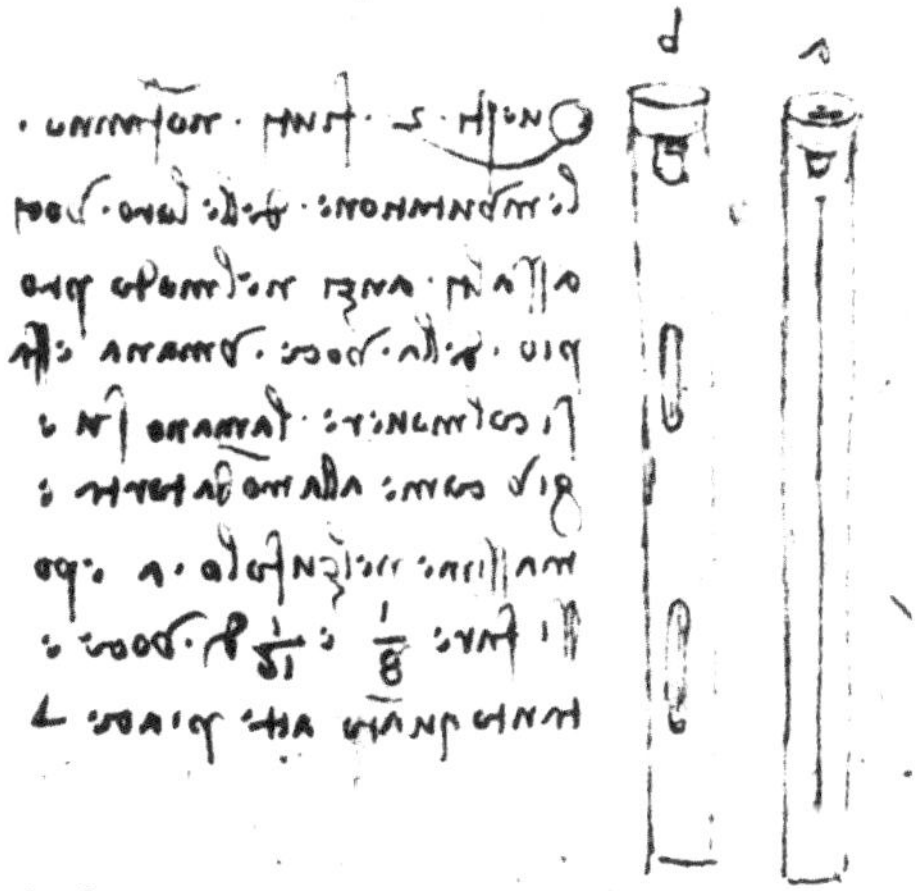
[55]
ダ・ヴィンチ考案のフラウト・グリッサンド

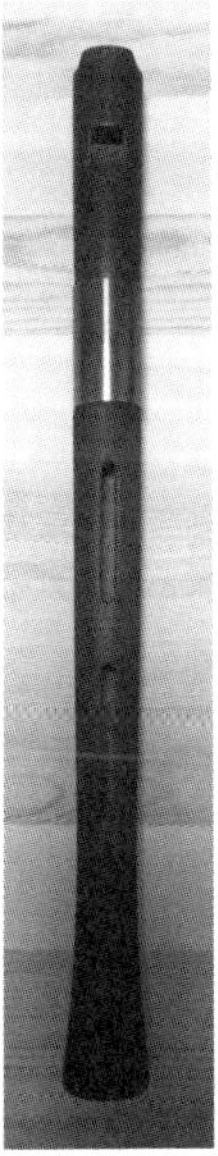
[56]
復元したフラウト・グリッサンド
（桑原孝広作、著者蔵）

ながら音楽作品ではなく、楽譜を利用した「絵文字遊び」といえる。私も小学生のときに同じような遊びをした覚えがある。

レオナルドは自分の作った詩（諺？ 格言？）をこのような絵文字でスケッチに残しており、その絵のひとつとして楽譜も使っている、というわけである。

レオナルドの楽譜の中からひとつ、「愛は喜びを与えてくれるが、同時に痛みをももたらす Amore sol là mi fa remirare, la sol mi fa sollecita」という作品をとりあげてみよう[57]。

音符で書くだけあって、ミ、ファ、ソ、ラといった階名を多く使った格言である。今でいう音部記号は「Amo（釣り針）」というので、楽譜のレと組み合わせて「Amore」となる。レオナルドは補助的に釣り針（まさしくAmo）の絵をつけているときもある。他にも「誠実さだけが私を Sol la fe mifa」「愛は私を楽しませる L'amore mi fa sollazzare」[58]などがある。こんなふうにして、有閑マダムたちと遊んでいたと考えられる。

話を即興オペラに戻そう。ポリツィアーノの『オルフェオ』の文体はなかなかエロくて面白い！ 一七世紀になると、詩はエロティックな意味を

Amore **là sol mi fa** remir**a**re　　**la sol mi fa sol**licita

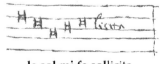

[57]
ダ・ヴィンチによる「音楽の判じ絵」
「愛は喜びを与えてくれるが、同時に痛みをももたらす」

裏に隠すようになるが、まだこの時代は前面に出ている。祝祭的で、笑いあり涙あり、ロマンスはもちろんのこと、さらに人間の官能的な部分も刺激してくるのだ。だが残念なことに音楽がどうだったか、音楽が残されていない。

その理由は、前述のように、ほとんどが即興演奏であったことが挙げられる。上演の基本的な考え方として、脚本さえできあがればあとはディレクターの手腕ですべてが組み立てられたのであろう。ここは歌（インプロヴィザトーレのような即興演奏）、ここはセリフ、ここは踊り（この頃の舞曲はテノールの主題を決めたら、あとは即興演奏）、ここは器楽演奏、ここは曲芸、ここは聴衆参加コーナー（聴衆はたいがいはお偉方）……などなど。当時は「替え歌」が盛んだったから、よく知られた既存のフロットーラ（世俗歌曲）やラウダ（宗教歌曲）に、テキストをあてはめることがおこなわれたであろう。そのほうが皆が知っている曲なのでウケたりもする。イタリア詩には日本の七五調のような韻律があるので替え歌が作りやすいし、同時にアドリブもやりやすいのだ。『オルフェオ』ではストランボットまたはオッターヴァ・シシリアーナ（一一音節詩行の四行詩連×2）とよばれる詩の形式が数多く登場する。このように組み立てていけば、当たらずとも遠からずの再現が可能かもしれない。

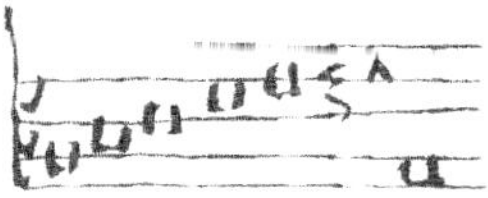

L'amore **mi fa sollazzare**

[58]
ダ・ヴィンチによる「音楽の判じ絵」
「愛は私を楽しませる」

「ダ・ヴィンチが即興でオペラ」の話題以来、このポリツィアーノの」『オルフェオ』をいつかこの手で再現してみたいというのが、私の夢のひとつに加わった。

往年の巨匠たち～失われたオフビート

演奏家のまえには二つの危険な道がひらけている。その一つは、ただ自己の主観的な激情を表現するためにのみベートーヴェンの音楽を利用すること、――そして他の一つは、音符に書き定められている演奏法の指示に、なんの考えもなく奴隷的に盲従することである。

――エトヴィン・フィッシャー『ベートーヴェンのピアノソナタ』（佐野利勝・木村敏訳、みすず書房）

二〇世紀後半になって現れた「古楽」は、近代になってから台頭した「原典至上主義」――いわゆる往年の巨匠たちの奏でる個性的かつロマンティックな演奏を否定し、作曲家の意図したとおりに曲を再現することをこそ良しとする風潮――の行き着く先として、生まれるべくして生まれたジャンルだと思う。

この世を去って久しい作家への尊敬度は、時が経つにつれて高まるものだ。そして「古典」は敬われ学問化していく。作曲家の想いに寄り添う解釈に異論を唱える人はいないだろう。そのために、自筆譜、初版譜など出典の徹底した研究、校訂者が楽譜に書き加えた「付け足し」をそぎ落とし、誤植、間違いなどを訂正するなど、「原典至上主義」は、楽譜上の諸問題を解決することから始まった。

その後、この運動は「作品や作曲家に敬意を払う」という大義名分を掲げながらさらに加熱し、「古楽」という、まるで音楽と歴史学が合わさったような理念、作曲家の意図はもちろんのこと、作曲された「当時の状況」まで再現してしまおうという試みに発展したのだ。対象が作品および作曲家で、楽譜という名の「証拠」をもう一度よく洗い直すことで大体の問題が片付いたのに比べ、このように「時代考証」の要素が加わるとそうはいかない。古楽のこだわりは原典版どころではなく、現代とは記譜法の異なる当時の古文書から直接読んでしまおう、当時使われていた楽器（古楽器／ピリオド楽器）を使おう、時代により場所により異なるピッチ、平均律ではない様々な古典調律法で演奏しよう、オーケストラの編成も並び方も違ったかも、はたして指揮者が存在したのか、などなど、ありとあらゆる事柄が作曲当時の再現を目指すようになる。歴史の教科書のように新しい事実の発見により、毎年その内容が塗り変えられる。古いことをやっているのに、より新しいほうが正しいといった歴史学と同じ現象が起こる。タイムマシンが発明されないかぎり、過去の状況は研究成果によって変動するのである。

そのため古楽は、歴史学的に「新しくない」演奏に対し「正しくない」というレッテルを貼ることができるのだ。ある意味、下剋上《げこくじょう》の世の中である。それは歴史的考証を怠《おこた》っている演奏に対しても同じこと。逆に由緒ある証拠さえあればそれが「正しい」とされてしまう。

確かに古楽に携わっていると、古い資料から考えてもみなかったような素晴らしいアイディアを受け取ることができる。しかもそのときは「歴史的真実」というステータスのオマケ付きだ。

そしてその現象は定期的にやって来るので、歩むべき道はこの道で良いのだという確信を得やすい。しかしそれがすべてで本当に良いのだろうか？

原典版が「削《そ》ぎ落とし」をおこなった一方で、装飾音、通奏低音上の和音、協奏曲におけるカデンツァなど、楽譜に書かれていない音符を付け加えることが必要になる場面も生じてくる。それはもともと楽譜にはいっさい記述がない、即興演奏に託される部分である。これは、微に入り細に入り作曲家の書いたものだけを追求する、「原典至上主義」のムーヴメントと矛盾するともいえる事柄である。

「個性をひけらかすのではなく、作品の良さを伝えたい」などというよく耳にする金言も、即興演奏が本格的にカテゴライズされることになってくると、それどころじゃなくなってくる。作品の一部は今自分で作っている最中であり、それはすなわち時代でも作曲家でもない「自分のスタイル」となるからだ。即興演奏においては、音符の形状に生命を吹きこむというよりも、音楽のエネルギーが音符そのものの形状を決定するのだ。そのとき、音楽は全くもって自由かつ能動的であり、それゆえ演奏者はすべての責任をとらなければならない。「作品を伝える」という言葉は、パフォーマンスの良し悪しに関する責任逃れにさえ聞こえてくる。そうなると、原典至上主義者たちが最も嫌ったであろう「作品はたんなる素材にすぎない」という見解が、最終的には待っているのかもしれない。

往年の巨匠たちの時代が過ぎ去った後、一九六〇年代半ば以降に出現してきた演奏で私が感じるいちばん大きな変化は、音楽学的なことではない。演奏が「つまらなくなった！」ことである。私は、これがより歴史的に正しい状態なのだとは思いたくない。おそらく作曲当時から、巨匠たちはその「面白さ」を引き継いでいたのだ。

余計なものを削ぎ落とす「原典版」の意義は、巨匠〇〇大先生の意見を信じるのをやめて、そこに自分なりの自由な発想をどんどんぶつけるためではなかったのか。それなのに、まるで人工食品添加物を毛嫌いするように、付加された音符たちを取り除き、大時代的なロマンティックさを取り除き、気づかぬうちに何か大事なものまで取り去ってしまったのだ。

「肝心なところが歴史的でないー！」と叫びたくなる。

「近頃の若いモンは〜」的精神で世の中を見ると、時代時代で様々なことが発明され、発見されどんどん便利になっていった反面、失ってしまったことも多いのだということに気づく。古楽に魅力を感じている人の中には、このような懐古主義の人もいるであろう。または、前述のような古楽がオーガニック的なものと結びついているところが好きな人も多いようである。私は前者のタイプ。古楽も好きなうえ、現代のクラシック演奏よりSPレコード復刻盤などの古い録音に魅力を感じてしまうのは、きっと強烈な懐古趣味に裏打ちされているということなのだろう。

それでは、私の中の懐古趣味は何が失われたと大騒ぎするのか？

私は、前述のように、とにもかくにも古い世代の演奏がタイプのようで、CDを買い求めたりする際も、フルトヴェングラーとかクナッパーツブッシュとか、往年の巨匠の録音になってしまう。

別章で文章をたくさん引用させてもらった、作曲家ヴァンサン・ダンディは、リズムは拍節とは異なるにもかかわらず、昨今、両者がごっちゃになってしまっていると嘆いている。どうやら二〇世紀初頭のこの時代から、「クラシック音楽のリズム不在現象」につながる由々しき問題は始まっていたようだ。一九五〇年代の巨匠時代の古い録音はその最後の砦《とりで》であろう。そこには「拍」とは違う生き生きとした「リズム」が聴こえてくる。

　このクラシック音楽におけるリズム感の変貌は、第一次、第二次両世界大戦の間くらいから始まったのではないかと思う。この変貌は私の目には思いっきりネガティヴで、変貌というよりは喪失に映る。つまりそれは「オフビート的なリズム感の喪失」であり、すなわち私にとって、まさしく「リズム感そのものの喪失」である。リズムは音楽を生き生きと楽しく感じさせる部署の担当部長なのだから、彼を解雇してしまったのは手痛いミスであった。これがその後のクラシック音楽の人気低迷に繋がったと思う。代わりに台頭してきた拍節重視のリズム感は、なんともヒーリング風でお高くとまった雰囲気を醸し出す。その正体はただ楽譜っぽいというだけなのに……。しかも拍節はエセ・リズム的な特質も持ち合わせているため「リズム音痴の人」というふうには聴こえない。メトロノーム的な正確さにおいてはなんら文句のない演奏だし、おのずと縦のラインを合わせることに集中するので、かえって小綺麗な印象を与える。だから始末が悪い。

　クラシック音楽が即興演奏の時代から離れ、作曲家と演奏家の分業化が進むと、楽譜の読み方そのものが演奏法に大きくかかわるようになる。別章でも述べたが、その「楽譜を読む」という行為の弊害が、いよいよ二〇世紀初めに頭をもたげてきたということだと思う。私にとってこのことは地球の環境汚染をも想起させる。両者とも長い歴史の中で、わりと最近深刻化してきたと思うからだ。

たとえば、バロック時代独特の演奏法だと思っていたことが、実は二〇世紀初めくらいまでは普通にやっていたことだったりもする。我々はそれが「いつ廃《すた》れたのか」に関しては目を向けないことが多い。

この時期失ったオフビートのリズム感はそれ以前、すなわち近代—ロマン派—古典派—バロック—ルネサンス—中世にと遡り、それこそ猿が初めて「ムキキーッ〜♫」と歌った日から、ずっとあったのだと私は信じている。そして、今日でも世界中の民族音楽、ポピュラー音楽には存在し続けているのだ。昨今のクラシック音楽だけがそれを手放してしまったのである。

それでは、古い録音から思いつくままに例をあげてみたい。ここでの話題は、紙媒体の検証に限られる古楽と違い、実際のサウンドが絡んでいてちょっと楽しい。

まずは伝説のレコード・レーベル「ウェストミンスター」。

「古き良きウィーン」。この感じが私は大好きである。聴くたびに「はぁ〜、こういうのが本当の音楽だよなぁ」と感じてしまう。このレーベルにはバリリ四重奏団、ウィーン・コンツェルトハウス四重奏団、昔のウィーン・フィルの木管楽器奏者の貴重な演奏など「ウィーンの香り」がたくさん収録されているのだ。「よくぞ録音しておいてくれた！」という感謝の念は世界中から発せられていると思う。

特にクラリネットのレオポルド・ウラッハの演奏は最高である。モーツァルトの『クラリネット協奏曲』『クラリネット五重奏曲』をはじめとしてたくさんの録音が残っている[59]。

ウラッハの演奏は一聴すると、ただ無表情に吹いているだけのように聴こえるのに、どうしてこんなにも音楽に溢れているのか。どうしてこんなにも心が暖まるのか。その秘密がどうしても知りたかった。

このことに対する自分なりの見解を述べるとすると、キーワードは「ハッタリがない」ということかもしれない。

まず、音に安易な「方向性」がないということ。これは、強拍から送り出されるようなエネルギー、または、次なる強拍へ向かうようなエネルギーがないということである。方向性を伴ったエネルギーは、とりあえずの歌心としての表現力は発揮するが、さらなる自由な奥深い表現を阻害する。ちょっとファストフードのような印象だ。

次に、内的な感情と表面的なアプローチが相反するということ。これには二通りあって、一つは、内的なものを重視するあまり表面を意図的にいじらないようにすること。言い添えておくと、これは抑制が効いている演奏とはまるで違う。

[50]
レオポルト・ウラッハ（1902-1956）

抑制どころかすべての感情は全力で内面に向かいながら、どれくらいそれが色濃ければ表層に滲《にじ》み出るのかということへの挑戦なのだ。もう一つは、結果として「○○しながらも○○」みたいな相反する二面性を同時に表すこと。これは、表向きは「差し引きゼロ」のような感じになり、特に何もしていないかのように聴こえるが、実はこの二面性の互いを相殺《そうさい》し合うことによって生まれる気品といった、メチャクチャ内容の濃い奥深さを生んでいるのだ。

このような内的な感情は、言葉にしにくい精神的なこと。だから、いにしえの音楽教本には精神論的なことが前置きとして備わっていることが多いのではないか。私はそのような敬虔な序文を読むといつも涙が出てくる。

以下は往年の名ピアニスト、エトヴィン・フィッシャーがウィーンっ子を評した言葉である。

> 曲の本体はあくまで音楽的・芸術的なものなのであって、技巧はただ単にそれをつつむ衣装にすぎない。そして、このような音楽性をあらゆる楽句のなかに、また曲全体のなかに感じとるのがウィーン人の——古都ウィーンの——伝統なのだ。そしてウィーンは、この伝統を頭のなかにではなく、血のなかにうけついでいるのである。
>
> （前掲書）

また、彼の教えには、たとえば「ソット・ヴォーチェ（音量をおとして）で、あまりはやすぎぬテンポで弾き、それに内的な興奮の感じをもたせる」とか、「上行音型は実際にはデクレッシェンドしながらも、聴衆にはそれがクレッシェンドに聴こえるよう感情をこめる」というような、複雑なものもあって、前述のウィーン的表現に通じるのではないか。

エトヴィン・フィッシャー[60]はバッハの演奏も得意としていて、彼の『平均律クラヴィーア』は定番となっている。また、いわゆる弾き振りもしており、『ピアノ協奏曲』（本来はチェンバロ協奏曲）の録音も残っている。どちらもオフビートが感じられるファンキーな演奏だ。余談になるが、バッハの『ピアノ協奏曲』のほうは、マレイ・ペライアの演奏がさらにオフビートだ。ピアニストには時代が下ってもリズム・センスの素晴らしい人がいる。たとえば、ピアノのクリスティアン・ツィマーマンが弾き振りしたショパンの『ピアノ協奏曲』には驚いた。彼のピアノはさておき、第一番の冒頭、ピアノが出てくる前の長い前奏は、ポーランドの民族性から得られたアイディアなのか、ルバートが多用され、情景が思い浮かぶような理想的な演奏である。

ウェストミンスターからちょっとはずれてしまうが、このような「ウィーンの香り」がする指揮者を挙げろといわれれば、それは私にとってクレメンス・クラウスとヨーゼフ・クリップスである。

[60]
エトヴィン・フィッシャー（1886-1960）

クレメンス・クラウス[61]は言わずもがな、まずはウインナ・ワルツが有名だが（ロンドン・デッカ盤はもちろん、先日購入した一九五四年のニューイヤー・コンサートのライヴ録音も良かった！）、喜歌劇『こうもり』の素晴らしい録音が残っている。どの部分を取り出してみてもオフビートの部分が歌心たっぷりに歌われており、やはり他の演奏より圧倒的に楽しい雰囲気が漂う。

ヨーゼフ・クリップス[62]はすごくオフビートを意識しているようには聴こえないが、前述の「方向性がない」「止まっている」ように聴こえるということは、拍単位のオフビートではなく細かいオフビートを意識しているということだと思う。

ウストミンスター・レーベルに話題を戻そう。ウェストミンスターはオーケストラ作品の録音でも素晴らしいものが目白押しである。指揮者はヘルマン・シェルヘン、そしてアルトゥール・ロジンスキー。晩年のハンス・クナッパーツブッシュの演奏も若干ある。さて、若き日のグレン・グールドがシェルヘン指揮の『メサイア』を聴いて「あのブギウギ風メサイアには感銘を受けた」といっていたらしい。シェルヘンの『メサイア』はウェストミンスターにも録音があるが、グールドが聴いたのは残念ながらこの盤ではない。

シェルヘンは映像もたくさん残されていて、すごくオフビート的なリズ

[61]
クレメンス・クラウス
（1893-1954）

[62]
ヨーゼフ・クリップス（1902-1974）

ム感の良い棒を振るが、オフビートの効果はリズミックなだけではない[63]。

われわれがよく聴く演奏は、考えられるあらゆる美点（正確さ、柔軟性、釣合い、力、等々）を兼ね備えてはいるが、しかし一つのことが無いのに気づく。それは、音楽の魂、すなわち音楽の音の内なる生命を制御する、歌うということ、である。歌うことは、音楽のもつ生命の機能である。それが不足しているなら、音楽の形態がひずみ、音楽は意味も無く、外部から規定された拍子で動くだけである。

——ヘルマン・シェルヘン『指揮者の奥義』（福田達夫訳、春秋社）

シェルヘンの弟子の指揮者フランシス・トラヴィスは、指揮のレッスンでは「とにかく全部のパートを歌わせられた」と語っている。オフビートはカンタービレのためのリズムでもあるのだ。

グールドがシェルヘンの『メサイア』を、けっして冷やかしで「ブギウギ風」といっているのでないことは、グールドの演奏を聴けばわかる。「グールドは個性的すぎて真似できるものではない」みたいな意見をよく耳にするが、私にはただオフビートで弾いているだけのように聴こえる。たとえば、モーツァルトのピアノ・ソナタ第一一番「トルコ行進曲付き」の第一楽章。彼の奇人変人ぶりを最

[C3]
ヘルマン・シェルヘン（1891-1966）

もよく発揮しており、「なんじゃ、この変な演奏は!?」と聴こえるが、オフビート的な耳で聴けば、あっという間に何をやっているのか理解できる。本人の弁によれば、この変奏曲は弾き進めるうちにだんだんと速くしたかったのだそうだ。だから最初はゆっくり弾いているらしい[64]。

シェルヘンのこの手の宗教作品はバッハの『マタイ受難曲』『ヨハネ受難曲』『カンタータ集』がある。

『ヨハネ受難曲』の冒頭は、神秘的な何かの情景が浮かぶようである。このような、聴衆に画像的なイメージを想起させる力もオフビート的な歌心がなせる技だと思っている。

『カンタータ集』も一聴して「モダンだな〜」(ピリオド奏法でない演奏に対し、古楽奏者がよく使う決まり文句)という演奏であるが、やはりオフビートが効いているためリズムが生き生きとしている。シェルヘンは他にも『フーガの技法』『四季』などバロック室内楽の有名どころも録音しているのでたいへん参考になる。

また、ハイドンの『トランペット協奏曲』の二楽章を他の演奏と聴き比べれば、シェルヘンのあまりにダンサブルな演奏にきっと驚かれるだろう。私もトランペット出身で、トランペット奏者にとってこのハイドンのコンチェルトは聖典なので、古い録音にもかかわらず、シェルヘンのこの斬新な演奏にはショックを受

[64] モーツァルト　ピアノ・ソナタ第11番「トルコ行進曲付き」第1楽章(16分音符でファンキーに数えると納得がいく)

けた[65]。

次にロジンスキー。ロジンスキーの録音はウェストミンスターにはたくさんあって、その中から二つのアルバム、チャイコフスキー作曲『くるみ割り人形』（全曲）、ドヴォルジャーク作曲『スラヴ舞曲集』を挙げてみたい。両方ともオフビート的で指パッチンしながら軽快に聴ける。『くるみ割り人形』はデューク・エリントン楽団のビッグバンドによる演奏があるが、ロジンスキーの演奏はリズム面でも引けを取らない気がする[66]。

最愛なるハンス・クナッパーツブッシュ[67]には、ワーグナーの歌劇『トリスタンとイゾルデ』の「前奏曲」と「愛の死」を聴いて一発でハマった。たいへんおこがましいが理想の演奏だった。追い求めていた「音のエネルギー」にようやく出会えた気がした。その後、クナの録音や映像の断片をコンプリート目指してやみくもに買い漁《あさ》ったのは楽しい思い出である。ある日、血眼《ちまなこ》になって探していたワーグナーの『ヴェーゼンドンクの歌』を地方で入った小さなブックオフで見つけた時はかなり興奮した。

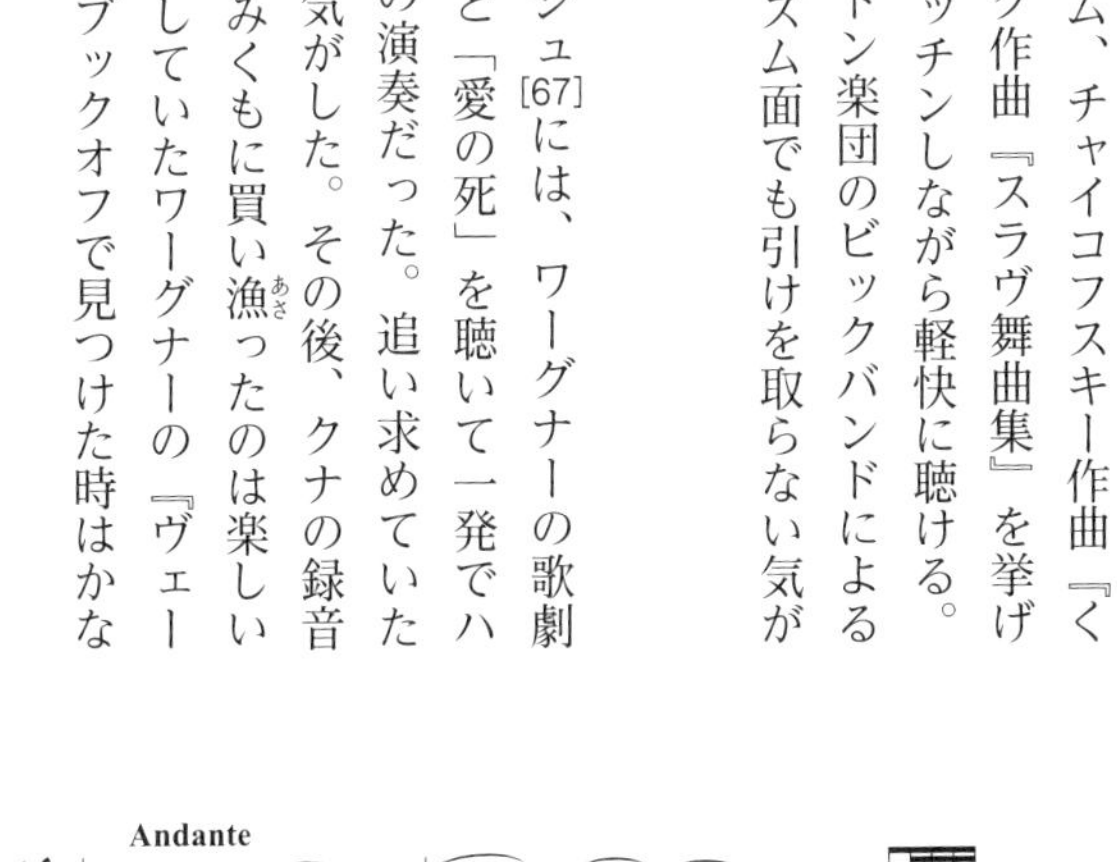

[65] ハイドン『トランペット協奏曲』第２楽章
（シェルヘンの演奏はリズムが踊るようである）

『トリスタン』はスコアとにらめっこで演奏分析したが、まるで何をやっているのかわからなかった。でもカラヤンはじめ他の演奏とは全く違う。断然優れている！　それはもう自分にとっては圧倒的だった。確かワーグナーではなく、チャイコフスキーの『くるみ割り人形』を聴いていたときだったと思う。クナが何をやっているのか、自分なりの答えが見つかる瞬間が訪れた。

「そうか、根本的なリズム感が違うんだ！」

「拍節とリズムは異なる」ということがここでは具現化されていた。「真のリズム感」が存在する、だからこんなにエネルギーを発散するのだ。クナの演奏で、いちばんオフビートがわかりやすいのは、シューベルト『軍隊行進曲』かもしれない。露骨にオフビートにアクセントが付いている。

クナッパーツブッシュの『アイネ・クライネ・ナハトムジーク』の最終楽章ロンドもぜひ聴いてほしい。こんなに上質なオフビートを他に知らない。

大指揮者アルトゥーロ・トスカニーニ[68]に関しては、エミール・ワルトトイフェル作曲『スケーターズ・ワルツ』を挙げてみたい。

それにしても、ワルトトイフェル＝森の悪魔さん、とはすごい名前だ。ユダヤ人は名前が時々かわいそうである。この作品は特に日本で有名らしい。『スケー

[66]
アルトゥール・ロジンスキー
(1892-1958)

[67]
ハンス・クナッパーツブッシュ
(1888-1965)

ターズ・ワルツ』に合わせてスケートすると、一拍目にスーっと片足が出る動きと三拍目にだんだんと体重がかかる動きが、なんとも理想的な音楽的表情に符合する。この曲は当然ウインナ・ワルツのような「よたり」もなく、トスカニーニは三拍子の三拍目に見事に乗っており、そこに注目して聴くと、全体的なテンポの揺れなど含め、すべて納得のいく素晴らしい演奏である。しかし普通のクラシックを聴く耳で聴くと、縦のライン合わせなどいい加減でとっ散らかった印象を受けるかもしれない。

歌手に関しても、懐古主義の私としては、いわゆる往年の名歌手のほうが性に合う。イタリアの名テノール、フェルッチョ・タリアヴィーニ[69]の歌唱はイタリアのレパートリーが多い私にとって、どれほど参考になったかわからない。

彼の名唱によるプッチーニの歌劇『トスカ』のアリア「星は光りぬ」は手許に四種類あるが、その最初のもの、一九四一年の録音はプッチーニが死んでからわずか一七年後の演奏だ。ここでのタリアヴィーニの名唱は聴くたびに感動で動けなくなるほどであるが、一聴するとまるでシャンソンのようである。この四つの録音を年代順に聴き進めると、同じ人物の中でも歌い方に時代の推移が感じられる。

[68]
アルトゥーロ・トスカニーニ
(1867-1957)

[69]
フェルッチョ・タリアヴィーニ
(1913-1995)

ところで、私の祖母も声楽家だった。『メサイア』本邦初演の際、ソプラノを歌っている。東洋音楽学校でも教えており、その生徒の中に淡谷のり子がいたり、竹久夢二から恋文をもらったり、逸話の多い人だった。その祖母がドイツ留学時代にフルトヴェングラーの指揮やラフマニノフのピアノ演奏を実際に耳にしている。ラフマニノフのコンサートで、彼のピアノがたいへんブラヴォーな演奏だったので、楽屋まで行ってサインをもらったが、サインするときの彼の態度があまりに横柄《おうへい》だったので、会場を出るなりそれを破り捨てたという……。これが祖母のエピソードの中でいちばん残念な逸話である。

ラフマニノフ[70]は自作自演の録音がたくさん残っている。有名作曲家によるこの手の録音はどれも素晴らしい。残念ながらロール・ピアノによる演奏記録しかない人もいるが、それでもタイミングは伝わるしこの楽器もバカにできない。絶妙なタイミングに感動したのは、ラヴェル、サン＝サーンス、フォーレのフランス勢か。フランスっぽい演奏は良い意味で地に足のつかない独特の軽さがあるが、それが極度に強調されたような演奏である。やはり、その曲の生みの親である作曲家本人は、曲に対するイマジネーションが半端ではないのであろうか。

リヒャルト・シュトラウス[71]は自作自演も良いが、指揮者として演奏したベー

[70]
セルゲイ・ラフマニノフ
(1873-1943)

トーヴェンのシンフォニーも秀逸である。テンポの揺れが自由自在なのだ。大好きな曲を思わず鼻歌で歌ったときのような揺れが、大オーケストラ全体で表現されている。オフビート的な演奏はルバートが自由になるのも特徴だ。

ベートーヴェンの交響曲の中で、特にオフビートで演奏されたら良いのになぁと思う部分は、『英雄』第四楽章フィナーレの『蒲田《かまた》行進曲』みたいなところと、『田園』第三楽章の後半、「田舎っぽい」舞曲風のところだ。ここをオフビートで演奏してくれているのが、私の知るかぎり、アンドレ・クリュイタンス、エルネスト・アンセルメ、そして前述のシェルヘンといったところか。概してオフビートで演奏すると、シャープでドライヴするようないわゆる「カッコいい！」演奏になるが、それだけでなく、ときにはミステリオーゾに妖気漂い、そしてこのような舞曲が演奏されたときには「バカバカしい、けど、楽しい！」みたいな、聴き進んでいくうちに思わず笑顔になってしまう雰囲気も醸し出す。このように変幻自在なニュアンスは、オフビートだけに、ときとして思いっきりポピュラー音楽や民族音楽のように響くのだ。タリアヴィーニの歌唱はシャンソンのようだし、ラフマニノフのピアノはちょっとキャバレー・ピアノのようにも聴こえる。ガーシュインによる自作自演の『ラプソディ・イン・ブルー』は、まるで『トムとジェリー』の音楽みたいだ。『ラプソディ・イン・ブルー』はジャズ色の強い曲

[71]
リヒャルト・シュトラウス

だからということもあるかもしれないが、たとえばトスカニーニ指揮などの古いイタリア・オペラの録音などもこれに近いものがある。高尚なクラシック・ファンの方々の耳には、このへんが「まぁ～、なんてお下品な」と聴こえるのかもしれないが、クラシックっぽくないところがあるという理由だけでこれらの演奏を退けてしまっているのだとしたら、それはすごく残念なことだと思う。

古楽とワールド・ミュージック

〜テレマンへの登山口を探して

古楽の子孫は「クラシック音楽」だけではない。古楽に見られる音型や装飾音ひとつとってみても、その遺伝子は様々なジャンルの音楽に残されていることがわかる。

モンテヴェルディの声楽曲はブラームスの歌曲の先祖であると同時に、ラテン歌謡の先祖でもあるのだ。そしてこの場合、まじまじと旋律やハーモニーの様子を眺めてみれば、ひーひーひーじいちゃん(?)のモンテヴェルディに顔が似ているのは、断然ラテン歌謡のほうなのである[72]。

留学先のスイスのバーゼル・スコラ・カントールムで、私は「ミッテルアルター(中世)クラス」に所属していた。このクラスのかつての立役者はトーマス・ビンクリー氏。彼は中世音楽の研究に

[72]
リオのカーニバルに参加するモンテヴェルディ?

民族音楽からの考察を取り入れたパイオニア的な人物のひとりであろう。数々の素晴らしい録音でその業績を確認できる。私もまだ日本の音大生だった頃、ビンクリーのレコードに影響を受けまくって、「よーし、俺も！」と図書館で民族音楽を聴きあさったものだ。

私が留学した頃にはすでに世代交代していて、彼の愛弟子《まな》たちが教授陣を務めていたが、ビンクリー風の民族音楽からのアプローチはずいぶん薄れてしまっていて残念だった。かろうじて「エスタンピー（中世の舞踏音楽）」の授業では、先生のケン・ツッカーマン氏がインド音楽の達人で、中世音楽とラーガの関連性を熱心に話していたのを覚えている。

私は個人的には、このような民族音楽に根ざした研究はとても大切だと思っている。

ひとつの民族音楽に宿る伝統、興味を持ったところで地元民でないと容易には取得できないような独特のセンス、そんなセンスが古楽演奏にもきっと必要なはずなのだ。しかしながら言葉にしにくい「センス」に関する資料はあまりにも少ない。そのことに演奏家が問題意識を持ったならば、その必要不可欠な部分をなんとか埋めようと、民族音楽から学ぶ道も選択するだろう。しかし、そこから学べる様々なアイテム、発声法、装飾、グリッサンド、ポルタメント、リズム・センス、発声法などは、往々にして古楽では史料批判的な意地悪な面が際立って、証拠不十分！「よけいな付け足し」として却下されてしまうことが多い。ただ、そのとき、我々クラシック音楽を専門とする人間が気をつけなければならないのは、自分たちが「ニュートラル」だと思っている「何もしない」表現の中に、他のジャンルの人が聴けば、真っ先に「わー、クラシックだー」と感じてしまうなんらかの特色を持っているということだ。そして、この「クラシック的なセンス」は、残念ながら、どちらかというと古楽には向かないと思うのだがいかがだろう。それを排除することが必要かどうかはわからないが、それに気づかずに民族音楽色の強い古楽演奏を批判するのは間違っていると思う。

さて、一八世紀にも「ワールド・ミュージック」フリークだった男がいた。ゲオルク・フィリップ・テレマンである[73]。

もっともらしい音楽論をぶつ人々の間では非常に低い評価しか受けていないこのタイプの音楽ですが、私はこれについて語ろうとすると、どうしてもちょっとした賛辞を述べずにはいられないのです――

（中略）

ポーランドの音楽は、いま、全世界を踊らしむ。

かくてわれ、ためらうことなく断言す、

ポーランドの音楽こそ、この上なきものと。

――カール・グレーベ『テレマン　生涯と作品』（服部幸三・牧マリ子訳、音楽之友社）

バッハやヘンデルの四歳上にあたるドイツの作曲家ゲオルク・フィリップ・テレマンが残した言葉に、今の自分なら共感できる。

彼がいう「ポーランドの音楽」とは、宮廷などで演奏されていた貴族向けのものではない。そこいらの料理屋などで耳にした、いわゆるワールド・ミュージックのたぐいである。彼はここで、民族音楽にはあって宮廷音楽にはないもの、すなわち、根本的なリズム感の違いからくる躍動感、即興演奏が生み出すタイミングの妙、そして魂の叫びともいえる赤裸々な歌心など、従来のステータス重視の音楽ではけっして得ることのできない、音楽における「真実性」を圧倒的な迫力で体験したに違いない。

そういえば、同じような経験は自分の身にも起こっていたのではないか。過去の音楽体験を振り返れば、魂を揺さぶられるような音楽は、クラシック以外のジャンルに接したときに多かったように思う。

踊り手がひと休みする度に聴かれるこれらのバグパイプやヴァイオリン奏者たちの即興演奏が、どれほど見事な思いつきに溢れたものであったかは、ちょっと信じられないくらいである。もし注意深い人なら、彼らの音楽を一週間も聴けば、たっぷり一生のあいだ使えるほどの豊かな楽想をそこから汲み取ることができると思う。とにかくこのような音楽の中には、然るべく接するなら、非常に多くの有益なものが隠されている。後に私は、その音楽の手法を使って種々の大きな協奏曲やトリオ・ソナタを書き、外見はイタリアふうな装いを感じさせるように、アダージョとアレグロを交替させるかたちをとっておいた。

（前掲書）

テレマンは二四歳のとき、彼にとっては生涯初めてとなる宮仕えをした。ゾーラウのプロムニッツ伯エールトマン二世の宮廷楽長として招聘《しょうへい》されたのである。ここでは一年の半分をポーランド・シュレージエン地方東南部のプレッセで過ごすことになり、ポーランド南部クラクフという場所にもよく出向いた。そこで出会ったのがこの彼の一生を左右した「真の飾らぬ美しさを持ったポーランドとハナ地方（チェコ）の音楽」だったのである。彼はフランス様式で書かれた、聴衆と距離感のある儀礼的な音楽よりも、この旅先で出会ったスラヴ的、ジプシー的な民族音楽に大きく心動かされるのを感じた。シュレージエン地方は現在のポーランド、ドイツ、チェコの国境線となっているオーデル川を挟んで南北に広がり、プロイセン、ポーランド、ボヘミア、ハプスブルク家など、その時々の勢力圏に統治され揺れ動いた歴史をもっている。そしてちょうどゲルマン民族とスラヴ民族が接するポイントでもあり、テレマンがこの地を訪れたことにも何か運命的なものを感じる。

その後、テレマンは当時の「ドイツ様式」ともいえる「フランス様式とイタリア様式の融合」に、さらにポーランド様式をも加味することに成功した。「感動」を伴ったこの改革は、演奏そのものか

[73]
ゲオルク・フィリップ・テレマン

ら醸し出されるパワーと、聴衆に与えられる「喜び」のメカニズムこそがその動機となっていたわけだから、作曲技法における成果のみならず、自作曲の「演奏行為」に対しても同じような革新的な効果を期待していたはずである。したがって、テレマンのかかわる音楽の現場は、それ以前にも増していよいよ熱を帯びた空間となっていたのではないか。

テレマンが感じたフランス式の宮廷音楽 vs ポーランドの民族音楽との隔たりと同じようなことが、伝統を重んじた教会音楽とそれに対するテレマンの教会外での音楽活動にもいえるだろう。

二〇歳のとき、自分の作った宗教曲が、かの有名なライプツィヒの聖トーマス教会で取り上げられたのをきっかけに、テレマンは四年間ライプツィヒに移り住むことになった。ここで彼は、礼拝用のモテットやカンタータの作曲はもとより、オペラ活動やライプツィヒ市民のための公開演奏会に力を注いだ。教会学校の学生たちは聖トーマス教会での聖務よりも、テレマンの魅力あふれる進歩的な活動のほうを面白がってしまったので、教会のカントル、ヨハン・クーナウの機嫌を損ねてしまった。また、四〇歳から没するまで市の音楽監督を務めたハンブルクでも、教会学校の学生たちは合唱の練習、礼拝をさぼり、テレマン主催のきれいな女性歌手も登場するオペラや市民演奏会に通った。彼らは聖歌よりもモダンな小唄を歌ったり、洒落《しゃれ》たソナタや舞曲を演奏したがったのだ。

当時はジャンルの区別がないとはいえ、これらのことは現代の若者がお勉強そっちのけでロック・バンドの演奏に夢中になるのとそっくりではないか!

自分はテレマンのソナタを「洒落たソナタ」などというふうにとらえ、ウキウキした気持ちで演奏したことがあっただろうか？[74]
テレマン自身、伝統的なことより革新的なことに魅力を感じ、非難を浴びていたことも白状して

[74] ゲオルク・フィリップ・テレマン　ソナタ　ヘ長調

いる。

ゾーラウでは、当地のカントルであった有名なヴォルフガング・カスパル・プリンツ氏と交際できる楽しさも味わうことになった。二人の間では彼がヘラクリトゥス、私がデモクリトゥスを演じた。つまり彼は、現代の作曲家の書く旋律の乱れを痛烈に嘆き、いっぽう私はといえば、過去の作曲家たちの旋律性に欠けた不自然な音楽をあざ笑った。しかしプリンツ氏は、私が現代の音楽の無秩序ぶりから抜け出すことを相変わらず望んでいた……（後略）　（前掲書）

非難といっても、テレマンの敵はほんのひと握りのお堅い連中であろう。テレマンの革新はつねに聴衆とともにあり、熱狂的な好意をもって一般大衆に受け入れられたのだ。聴衆というよりも現代の「ファン」の存在に近いのかもしれない。

古楽の世界に身を投じていると、いにしえの音楽家たちが生活の基盤としていた「パトロン」の存在があまりにも羨《うらや》ましく、そのことについてたびたび考えることがある。パトロンは金銭面において絶大な恩恵をもたらしてくれることはもちろん、演奏にも良い効果があるとすれば、それは、創作やパフォーマンスが、その準備段階からすでに期待され、認められ、見守られ、それによって、アーティストは絶対の自信を伴って、大胆かつ自由に己のファンタジーをクリエイトできることなのだと思う。これはホームグラウンドで試合をしているときの「ファン」によるありがたい後押しにも似ている。

テレマンはパトロンに代わる「ファン」という概念を味方に付けたように思う。一般大衆だけではない。「テレマンの兄ィのやるカッコいいこと」はバッハやヘンデルといった後に続く偉大な才能をも虜にし、リードしていったのである。

平易に作曲すること、それは例外なく万人に奉仕することである。（前掲書）

このようにテレマンが常に大衆を意識した音楽家であったとしても、それはけっして「大衆に媚《こ》びる」というものではなかった。テレマンの身体を通過していくミューズの意志に、ひとまずテレマン自身が感動をおぼえ、同じような感動が聴衆に伝わる。テレマンの新しい音楽、新しい喜び、冒険はすなわち聴衆の新鮮な驚きであり、聴衆の反応はすなわちテレマンにとっては次なる創作の「源」になるという、音楽家としてはなんとも贅沢《ぜいたく》な境遇であったと思う。テレマンは自身と聴衆をもっともっと喜ばせるために、音楽の女神の声に耳を傾け、ドンドン書き取ればよかったのである。

「ポーランド風」で一世を風靡《ふうび》したテレマンが、聴衆の反応からヒントを得て創造したであろう、次なる新しい指針は「ギャラント様式」であった。ギャラント様式は、当時のフランスのロココ趣味を取り入れながらドイツで発展した新しいスタイル。サウンド的にはメロディ、ハーモニーなどすべてがより単純で、文字どおり楽しくウキウキするような、聴き手にわかりやすい音楽となっている。この様式は、ダイレクトにウィーン古典派へと発展した。

このドイツのギャラント様式も、またもやテレマンがその先駆を担ったのだろうか？　少なくとも宮廷や教会でおこなわれていた音楽が、楽曲の単純化を伴いつつ、家庭やサロンに普及してきたことがギャラントの興隆の一因だとすれば、テレマンの功績は大きいのではないか。民衆に普段は聴くことのできない様々な音楽を楽しんでもらおう、広く音楽を普及しようとしたのは、まさにテレマンのポップな精神の賜物《たまもの》なのだ。もうひとつ、ギャラントではテレマンのウィット&ユーモアも存分に発揮されたと思う。

これこそ、次世代に受け継がれた重要なセンスであり、もともとテレマンがオペラなどで発揮していた得意技の再来なのである。

どうやら、テレマンを究めるためには、民族的な熱いリズム、ポップな精神、豊富なウィット&ユーモアが必要なようだ。クラシック音楽に染まった自分には、テレマンと同じように新しい感覚に挑戦し続けることが求められるのかもしれない。

幾多の革新をなしとげ、時代をリードしてきたテレマンが、自身の音楽に対する根源的なポリシーをあらわした一文、本書の題名にも引用した感動的な一文を添えてみたい。

歌うこと、それは音楽すべてにおける基本。
作曲せんとする者は、みずからの書く音楽を歌うべし。
楽器を奏でんとする人は、歌の心を究むべし。
（中略）
演奏とは音符が鳴り響くのみがすべてにあらず、
また、小間物めいた奏法上の規則を
売物にすることにもあらず。
それぞれの楽器に、
みずからの歌を歌わせよ。
（中略）
しょせん人は、音楽の前に
力弱きおのれを認むべし。
かくて音楽とは、いとも崇高なるものと讃うべきなり。

（前掲書）

濱田芳通（はまだ・よしみち）

コルネット&リコーダー奏者。

古楽アンサンブル《アントネッロ》主宰。

我が国初の私立音楽大学である東洋音楽学校（現・東京音楽大学）の創立者を曾祖父に持ち、音楽一家の四代目として東京に生まれる。桐朋学園大学古楽器科卒業後、スイス政府給費留学生としてバーゼル・スコラ・カントールムに留学。トランペットを故・中山冨士雄、リコーダーを花岡和生、コルネットをブルース・ディッキー、中世理論およびアンサンブルをクロフォード・ヤング、ドミニク・ヴェラールの各氏に師事。師であるブルース・ディッキー率いる《コンチェルト・パラティーノ》、アンサンブル《PAN》、アンサンブル《ラ・フェニーチェ》、ルネ・ヤーコプス指揮《コンチェルト・ヴォカーレ》、ガブリエル・ガリード指揮《アンサンブル・エリマ》、《カメラータ・トラジェクティナ》などのコンサートおよび録音に参加するなど、ヨーロッパ各地で活躍。また、アニメ『耳をすませば』の音楽、大河ドラマ『信長KING OF ZIPANGU』『秀吉』に参加するなど、知られざるバロック以前の音楽や楽器を広めるべく幅広い活動をおこなっている。

一九九四年結成の古楽アンサンブル《アントネッロ》でこれまでリリースされたCDは、朝日新聞「視聴室」、『レコード芸術』誌など各メディアから常に最先端の古楽グループとして評価されるとともに、伊シンフォニア・レーベル、スウェーデンのビス・レーベル、西エンキリアディス・レーベルからリリースされたCDは、すべてフランス『ディアパソン』誌で5

つ星を獲得するほか、フランス『レペルトワール』誌推薦盤、イタリア『MUSICA』誌最優秀推薦盤などに選ばれるなど、全ヨーロッパに渡って絶賛された。(「彼らの演奏法は今後流行〈モード〉となるだろう」——仏『レペルトワール』誌、「日本から発信される新しい古楽の潮流」——仏『ディアパソン』誌)。

二〇〇八年、クラウディオ・モンテヴェルディ作曲の音楽寓話劇『オルフェオ』(神奈川県立音楽堂主催)、二〇一〇年、フランチェスコ・カヴァッリの歌劇『カリスト』(東京室内歌劇場主催)を指揮。また、二〇一三年からは自己のバロック・オペラ上演プロジェクト「オペラ・フレスカ」を立ち上げ、クラウディオ・モンテヴェルディの三大オペラ『オルフェオ』『ウリッセの帰還』『ポッペアの戴冠』、ジューリオ・カッチーニ作曲の歌劇『エウリディーチェ』(本邦初演)を上演し、いずれも「音楽の友」年間ベスト10コンサートに選出されるなど、高い評価を受けた。

二期会オペラ研修所マスタークラス指揮者および東京藝術大学音楽学部古楽専攻講師などを歴任、合唱団《ラ・ヴォーチェ・オルフィカ》常任指揮者。

《アントネッロ》としての受賞歴

二〇〇五年度(第七回)ホテルオークラ音楽賞

二〇一五年度(第二八回)ミュージック・ペンクラブ・ジャパン音楽賞(室内楽・合唱部門)

二〇一五年度(第一四回)佐川吉男音楽賞

本書は、『アルテス』vol.1～4、および『アルテス電子版』連載の、「歌の心を究むべし」をもとに、大幅に加筆。

書き下ろしも加えて構成したものである。

〈Books ウト〉
歌《うた》の心《こころ》を究《きわ》むべし
古楽とクラシックのミッシングリンクを求《もと》めて

二〇一七年九月二〇日　初版第1刷発行

著者　濱田《はまだ》芳通《よしみち》　© Yoshimichi Hamada 2017

発行者　鈴木 茂・木村 元

発行所　株式会社アルテスパブリッシング
東京都世田谷区代沢五－一六－二三－三〇三　〒一五五－〇〇三二
電話　〇三－六八〇五－二八八六
ファックス　〇三－三四一一－七九二七
info@artespublishing.com

印刷・製本　太陽印刷工業株式会社

ブックデザイン　中島 浩

編集協力　編集室T/ut

Printed in Japan　ISBN978-4-86559-168-2 C1073
https://artespublishing.com
JASRAC 出 1709417-701